U0922830

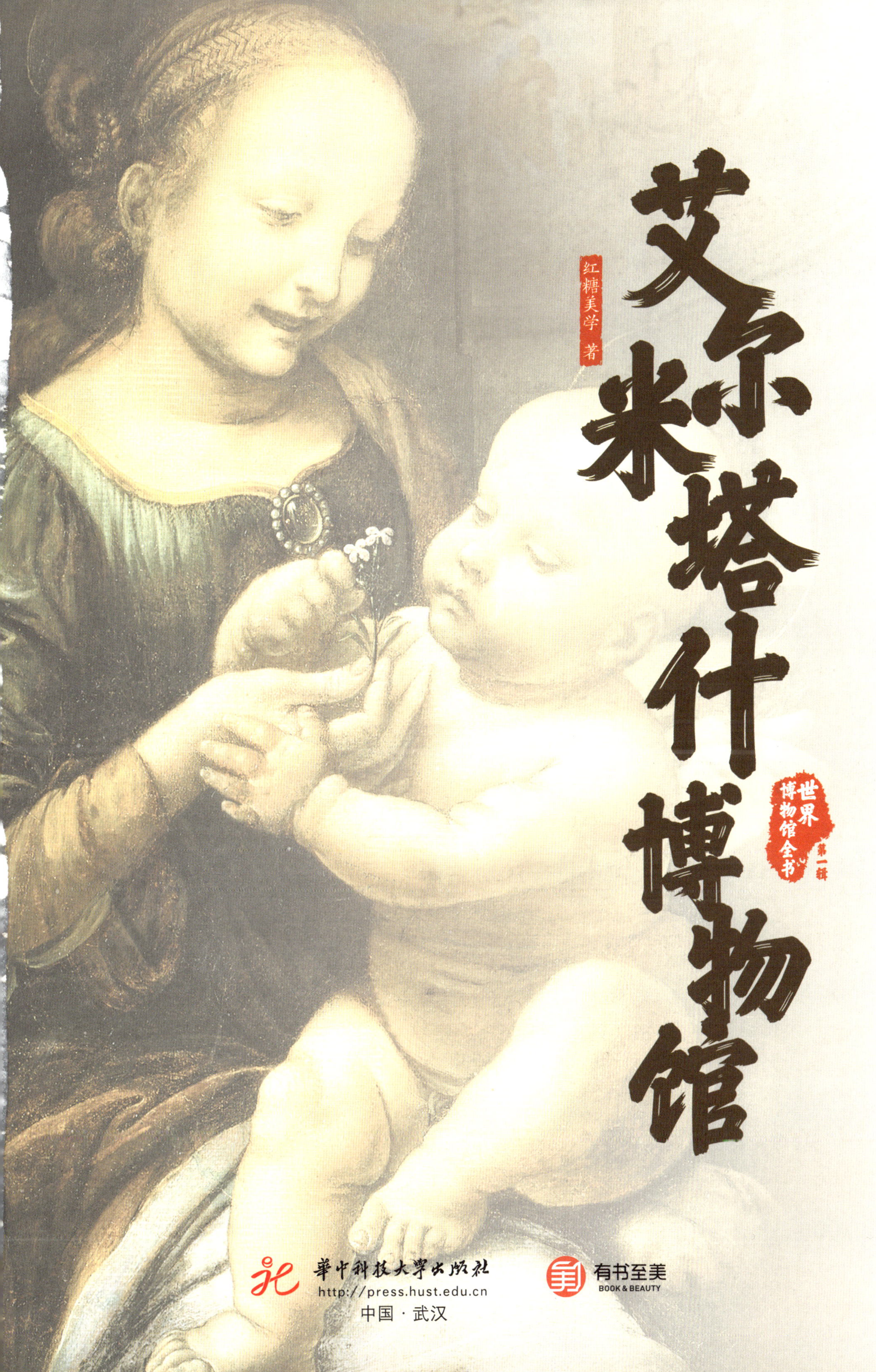
艾尔米塔什博物馆
红糖美学 著
世界博物馆全书
第一辑
華中科技大學出版社
http://press.hust.edu.cn
中国·武汉
有书至美
BOOK & BEAUTY

前言 Preface

世界博物馆全书系列，是我们对艺术与历史的深刻致敬。我们邀请您开启一段跨越时空的探索之旅，一起深入了解和欣赏世界级博物馆的珍藏。这一系列的创作源自我们对人类智慧和美学的敬畏：我们希望通过呈现各地博物馆中的文物精品，启发读者探索不同文明的交融与发展。博物馆，作为历史的见证，不仅守护着人类过去的辉煌，更是启迪未来的灯塔。

每一座博物馆都是一个独立且丰富的“文化宇宙”。它们不只是静默的艺术品和历史进程的展示空间，更是人类历史长河中不断探索、理解和创造文明的见证。这些知识的殿堂，作为文化传承与对话的桥梁，使我们得以与远古的智者沟通，感受历史的脉动。

艾尔米塔什博物馆是世界四大博物馆之一，与巴黎的卢浮宫博物馆、伦敦的大英博物馆、纽约的大都会艺术博物馆并称世界四大博物馆。该博物馆位于俄罗斯圣彼得堡，这座博物馆不仅是艺术和文化的宝库，也是历史的见证者，承载着俄罗斯乃至世界的文化遗产。

走进艾尔米塔什博物馆，就像走进了一个充满魅力的世界。每一件展品都讲述着一个故事，展厅充满了历史的气息。游客可以在这里领略世界各地的艺术风格，感受不同文化的魅力，体验艺术与历史的融合。

本书旨在向读者展示艾尔米塔什博物馆的魅力，探索它丰富的藏品和历史。欢迎您踏上这趟艺术之旅，让我们一起领略艾尔米塔什博物馆的博大精深，感受艺术的无限魅力。

目录 Contents

8 博物馆概况

10 位置与规模

11 发展历程

12 藏品概况

16 博物馆展览分布图

18 镇馆之宝

20 伏尔泰坐像

极具穿透力的雕塑作品

文物小知识

22 乌东与伏尔泰：

雕塑中的思想之光

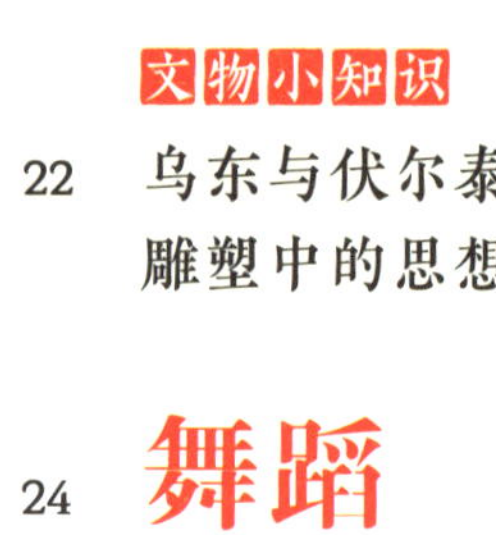

24 舞蹈

生命之舞：马蒂斯的色彩交响

文物小知识

26 情感的色彩：

马蒂斯的《音乐》与《舞蹈》

28 孔雀时钟

孔雀时钟的时间魔法

文物小知识

30 文化间的对话：

孔雀时钟与18世纪中西艺术交流

32 约旦楼梯

巴洛克艺术的瑰宝

文物小知识

34 华丽的遗产：

俄罗斯巴洛克风格建筑探索

36 馆藏珍品

38 绘画

40 持花圣母

达·芬奇的圣母子画作

42 浪子回头

伦勃朗画作中的温情之光

文物小知识

44 伦勃朗的光与影：

《浪子回头》三重奏

46 花园中的女士

光影下的静谧时光

48 弹鲁特琴的少年

光影交织的旋律

文物小知识

50 卡拉瓦乔：

站在悬崖上的天才

52 午餐

平民的午餐桌

54 夜里的白屋
星光下的家

56 对话
波利尼西亚的密语

58 圣母升天和加冕典礼
巴洛克风格的神圣加冕

60 雕塑

62 圣特蕾莎的狂喜
极具戏剧性的雕塑艺术

文物小知识
64 巴洛克艺术：
从怪诞到华丽

66 冈萨加浮雕
古埃及浮雕精华

68 双头佛
古西夏国的稀世珍宝

70 蹲伏男孩
充满生命力的雕塑作品

72 用品、服饰

74 黑釉彩绘双耳陶瓶
古希腊陶器最美丽的例子之一

文物小知识
76 阿提卡陶器：
古希腊神话与制陶艺术的交融

78 枕垫形瓷瓶
设计别致的香水瓶

80 玛丽亚·费奥多罗夫娜皇后的礼服
19世纪的宫廷服饰

82 怪诞图案刺绣挂饰
独特的室内家具装饰织物

84 盛大加冕马车
17世纪欧洲皇室的威严与辉煌

86 罗斯柴尔德法贝热彩蛋
男爵的蛋形时钟

94 俄罗斯其他博物馆名录（节选）

MUSEUM OVERVIEW

博物馆概况

艾尔米塔什博物馆位于俄罗斯圣彼得堡，被誉为世界四大博物馆之一。该博物馆由叶卡捷琳娜二世成立于1764年，1852年首次举办展览。

位置与规模

艾尔米塔什博物馆，又称“冬宫博物馆”，最早是叶卡捷琳娜大帝的私人收藏室。这座坐落于俄罗斯圣彼得堡涅瓦河畔的文化宝库，不仅以其庞大的占地面积和丰富的藏品而闻名，更因其独特的建筑群和历史价值而受到全球瞩目。这个博物馆群由冬宫、小艾尔米塔什、旧艾尔米塔什、新艾尔米塔什和艾尔米塔什剧院等主要建筑构成，每座建筑都是俄罗斯历史和文化的见证者。

冬宫，作为艾尔米塔什博物馆最具象征性的建筑，不仅是俄罗斯巴洛克风格建筑的典范，也是俄罗斯沙皇的居所。由意大利建筑师拉斯特雷利设计并建于1754年至1762年间，这座建筑见证了俄罗斯从帝国到现代社会的转变，1917年之后，它转变为公众博物馆。冬宫的建筑风格、装饰艺术和宫廷设计不仅反映了当时的艺术趋势，也体现了俄罗斯文化的独特性。

博物馆内部，从绘画到雕塑，从版画到素描，每一件展品都讲述着一个独特的故事，描绘了人类文化的多样性。特别是宝贵的意大利文艺复兴时期的藏品，不仅为访客提供了欣赏艺术的机会，也为研究者提供了资料。

除了冬宫，博物馆群的其他建筑如小艾尔米塔什、旧艾尔米塔什和新艾尔米塔什，以及艾尔米塔什剧院和缅希科夫宫等，每一处都有其独特的建筑风格和收藏重点，共同构成了一个展示人类艺术和文化成就的平台。总参谋部大楼的加入，更是扩展了藏品的丰富度，不仅有历史文物，也包括了近现代、当代的艺术作品。

发展历程

1754年，伊丽莎白·彼得罗芙娜皇后要求建筑师拉斯特雷利设计新冬宫，直到伊丽莎白·彼得罗芙娜去世后，冬宫的修建工程才完成。自1762年起，直至1917年罗曼诺夫王朝被革命推翻，冬宫一直是俄罗斯沙皇的宫殿。1764年，叶卡捷琳娜二世在冬宫收藏了从柏林商人戈茨科夫斯基手中获得的225幅绘画作品，以及来自欧洲等地的艺术珍品，标志着艾尔米塔什博物馆的成立。

国有化与开放

1917年12月30日，官方宣布冬宫和艾尔米塔什为国家博物馆。1919年，首批展览在此举行。1921年1月2日，绘画展厅向公众开放，随后其他展厅也相继向大众开放。

“二战”期间

1941年—1944年，圣彼得堡（当时称为列宁格勒）被德军围困，博物馆受到严重破坏，但馆藏艺术珍品得到了妥善保护。1945年，苏联政府开始重修冬宫。

恢复与扩建

1991年，艾尔米塔什剧院经过修葺重新开放。1993年，艾尔米塔什博物馆接收总参谋部大楼的东翼。

发展与扩展

1998年，艾尔米塔什博物馆的展品数量达到了1893292件。2005年，艾尔米塔什博物馆在喀山开设了展览中心。博物馆出版了大量科研著作，并组织多支考古队开展考察活动。

藏品概况

艾尔米塔什博物馆收藏丰富，拥有300余万件文物和艺术品，包括1.7万余幅油画、1.2万余尊雕塑、62万余幅版画和素描、80万余件出土文物、26万余件实用艺术品及100万余枚钱币和纪念章。这些藏品涵盖了从史前文化到埃及艺术，以及欧洲多国的艺术作品和应用艺术品。共有350多个展厅，根据藏品来源地区、年代、工艺类别进行展示，包括彼得大帝展厅、毕加索立体画展厅和俄国历代服装展厅等。

艾尔米塔什博物馆分为多个部门，展示丰富多样的艺术品和文化遗产，主要部门有：西欧艺术部、古代艺术部、俄罗斯文化史部、东方民族文化艺术部、古钱币部、兵器部、科学图书馆、科学技术鉴定部、钟表与乐器修复部、艾尔米塔什剧院。

西欧艺术部

西欧艺术部是博物馆设立最早的一个部门。该部门分为6个展区：13世纪—18世纪的彩色画、19世纪—20世纪的彩色画、线条画、版画、实用艺术、金属制品和宝石，共有近60万件藏品。

古代艺术部

古代艺术部分为2个展区，分别展示古希腊、古罗马、古黑海北岸地区的文物。该部门有20个展厅，藏品约17万件，其中古希腊相关藏品超过10.6万件。

俄罗斯文化史部

俄罗斯文化史部有50余个展厅，30多万件展品，反映了俄罗斯千余年的历史。缅希科夫宫属于俄罗斯文化史部，该宫殿收藏18世纪早期俄罗斯文化的珍宝，宫殿的内部为18世纪装饰风格。

东方民族文化艺术部

东方民族文化艺术部成立于1920年，分为4个展区，展示古代东方和拜占庭、中东、中亚、高加索、远东等地的文化艺术，共有78个展厅，近18万件展品。

古钱币部

古钱币部最早的一批收藏品是叶卡捷琳娜二世于1764年购买的古钱币与奖章。该部门收藏有超过111.5万件古钱币和纪念章，分为古希腊及东方古钱币、欧洲及美洲古钱币2个展区。该古钱币部也是俄罗斯地区较大的古代钱币收藏机构之一。

◆ 兵器部

尼古拉·巴甫洛维奇公爵（后来的尼古拉一世）对博物馆的扩建及将藏品对公众开放，为这个部门奠定了基础。兵器部展示不同国家、不同时代的近1.6万件军械样品，是俄罗斯较大的武器展览馆之一，呈现了从中世纪早期到20世纪初武器制造技艺演变的过程。

◆ 科学图书馆

科学图书馆收藏有彼得三世的妻子——女皇叶卡捷琳娜二世的私人藏书。目前收藏有艺术、历史、建筑学与文化类图书70万册，以及一些珍稀图书与手稿。

◆ 科学技术鉴定部

科学技术鉴定部成立于1936年，最初是世界上最早的X光照射室之一，于1997年升级为独立部门。该部门是俄罗斯主要的文化艺术品鉴定中心之一。

钟表与乐器修复部

成立于1995年，负责对艾尔米塔什博物馆中所有的钟表与乐器进行研究、修复与维护。

艾尔米塔什剧院

又称“冬宫剧院”，始建于1783年，这座剧院是俄罗斯最古老的剧院之一，以古典风格设计，曾是贵族进行社交和开展文化活动的场所。

博物馆展览分布图

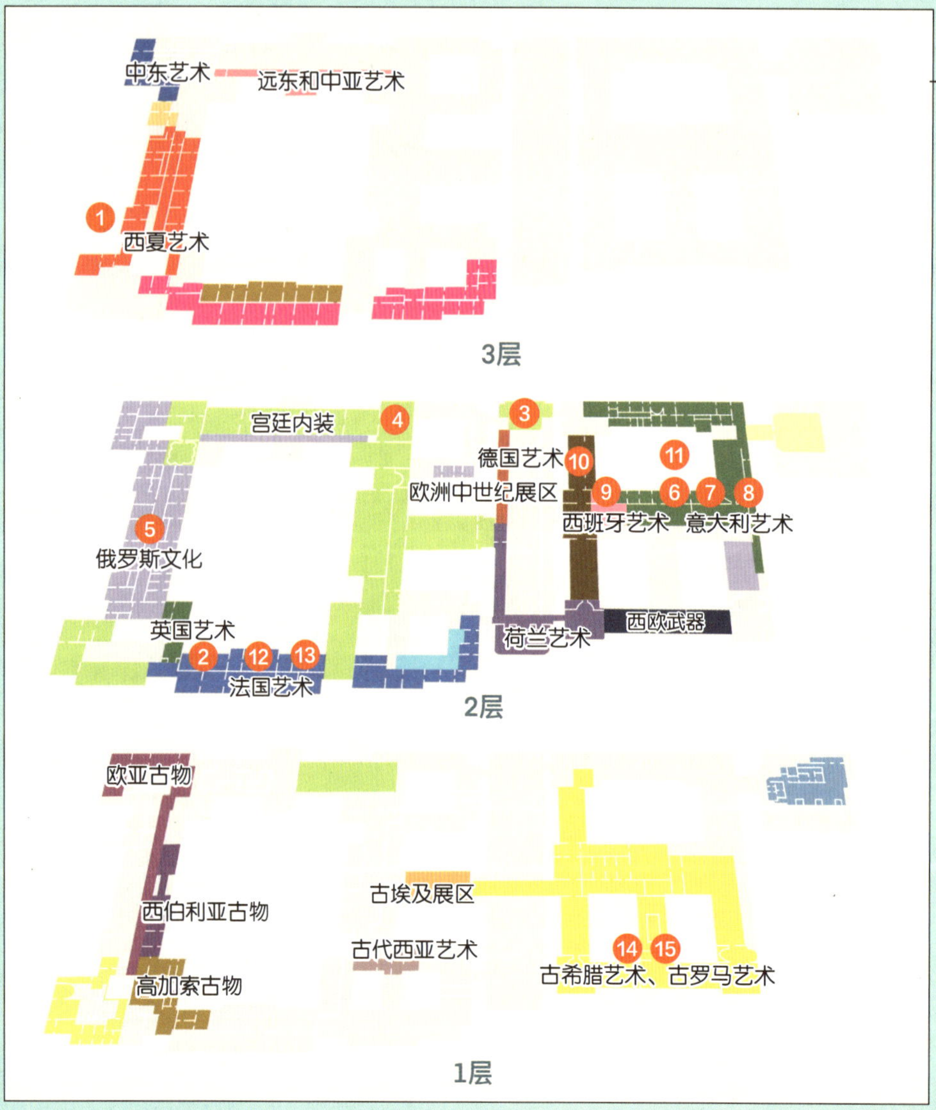

3层

中东艺术
远东和中亚艺术
1 西夏艺术

2层

宫廷内装 4
3 德国艺术 10
欧洲中世纪展区
11
9 6 7 8
西班牙艺术 意大利艺术
5 俄罗斯文化
英国艺术
2 12 13
法国艺术
荷兰艺术
西欧武器

1层

欧亚古物
西伯利亚古物
高加索古物
古埃及展区
古代西亚艺术
14 15
古希腊艺术、古罗马艺术

3层展馆

1. 双头佛

2层展馆

2. 伏尔泰坐像
3. 孔雀时钟
4. 约旦楼梯
5. 枕垫形瓷瓶
6. 圣特蕾莎的狂喜
7. 蹲伏男孩
8. 弹鲁特琴的少年
9. 午餐
10. 浪子回头
11. 持花圣母
12. 怪诞图案刺绣挂饰
13. 盛大加冕马车

1层展馆

14. 黑釉彩绘双耳陶瓶
15. 冈萨加浮雕

暂未展出

16. 玛丽亚·费奥多罗夫娜皇后的礼服

总参谋部大楼

17. 舞蹈
18. 花园中的女士
19. 夜里的白屋
20. 对话
21. 圣母升天和加冕典礼
22. 罗斯柴尔德法贝热彩蛋

MUSEUM'S TREASURE

镇馆之宝

伏尔泰坐像

极具穿透力的雕塑作品

伏尔泰坐像比例十分标准，头占整个身体比例的五分之一，身躯前倾，面带微笑，姿势十分舒展。

创作者：让－安托万·乌东
创作年代：1781 年
类型：大理石雕塑
尺寸：高 138 厘米
来源地：法国

伏尔泰身穿长袍，衣纹褶皱跟随人物动态和骨骼变换，真实地再现了伏尔泰坐时衣服的状态，体现了乌东对人体结构的精确理解和描绘。

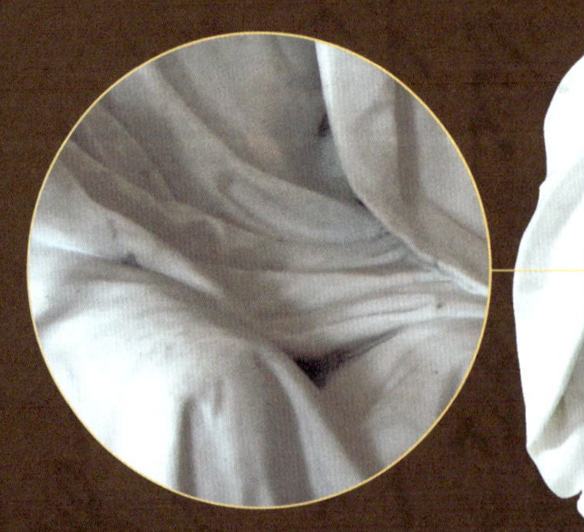

这尊伏尔泰坐像是俄国女皇叶卡捷琳娜二世委托法国著名雕塑家让-安托万·乌东创作的，耗时两年，目前藏于艾尔米塔什博物馆。乌东以其精湛的技艺和对人物精神的准确把握而闻名，他通过雕塑的方式将法国著名思想家伏尔泰睿智的形象生动地表现了出来。

伏尔泰脸部瘦削，目光犀利，脸上的皱纹是岁月留下的痕迹。这尊雕像的脸部是伏尔泰的代表形象。

雕像在额头、嘴、鼻、眉和眼等面部关键区域的处理上极为细腻。眼部通过钻凿眼珠的方式，留出一个小圆环，使伏尔泰的目光显得深邃。这不仅展现了伏尔泰作为哲学家的敏锐和智慧，也体现了他思考的深度。

伏尔泰

乌东没有美化年近八旬的伏尔泰稀少的头发，而是表现了他的秃额头。被塑对象并非理想化，而是以一种接近原貌的方式被呈现出来，这使得雕塑更加真实。

小提示

弗朗索瓦-马利·阿鲁埃（1694年—1778年），以其笔名伏尔泰广为人知，是18世纪法国重要的启蒙思想家、文学家和哲学家。他以敏锐的批判精神和尖锐的讽刺文风，影响了当时的社会和文化。伏尔泰倡导理性、自由与平等的价值观，他的思想启迪了民众的心智，推动了法国启蒙运动的发展。

伏尔泰的文学创作涉猎广泛，尤以哲理小说最为人所熟知。这种小说通常以讽刺和幽默的方式揭露时代的荒诞与不合理。他的一些代表作，如《哲学通信》和《老实人》，不仅展示了他对社会的敏锐洞察，也体现了他对人类理性和道德的推崇。他的思想和作品在推动法国乃至欧洲的启蒙运动方面发挥了重要作用。

文物小知识

乌东与伏尔泰：雕塑中的思想之光

伏尔泰的艺术形象

伏尔泰作为18世纪法国著名的思想家、文学家、哲学家、戏剧家，是法国启蒙运动的杰出代表。他的形象被多位艺术家用不同的艺术形式捕捉和呈现，也为众人提供了一个研究历史人物形象的途径。除了乌东的《伏尔泰坐像》外，还有尼古拉·德·拉吉里埃尔的《伏尔泰肖像》、莫里斯·昆汀·德·拉图尔的《伏尔泰的肖像》、威廉·奥查森爵士的《伏尔泰与罗昂-夏伯的冲突》等作品，以及卢浮宫博物馆中收藏的大量伏尔泰形象的绘画和雕塑作品，如《伏尔泰的加冕》《伏尔泰》《弗朗索瓦-马利·阿鲁埃：伏尔泰》《伏尔泰裸体》等。

《伏尔泰与罗昂-夏伯的冲突》 威廉·奥查森爵士 1883年

《伏尔泰的肖像》 莫里斯·昆汀·德·拉图尔

伏尔泰裸体 让-巴蒂斯特·皮加勒 卢浮宫博物馆藏

伏尔泰小雕像 苏珊娜·弗朗索瓦-玛丽 卢浮宫博物馆藏

伏尔泰 彼得-安东·冯·弗沙费尔特 卢浮宫博物馆藏

这些作品通过不同的艺术表现形式，展示了伏尔泰复杂的个性及他在文学、哲学及社会思想领域的重要地位。每件作品都以其独特的方式捕捉了伏尔泰的思想光芒，为后世留下了丰富的文化遗产。

乌东雕塑作品的酷肖手法

乌东的人物雕塑作品以其生动的刻画和充满表现力而闻名，被评价为“酷肖”，即在形式和精神上都极其接近被塑对象。乌东曾在罗马的圣路易斯医院学习尸体解剖，并完成了两件人体解剖雕塑，这段经历帮助他深入了解了人体结构，特别是肌肉构造，这些知识在他后来的作品中得到了充分体现。

乌东对人体解剖学的深入研究和对写实技巧的精湛掌握，使得他的雕塑作品不仅在形式上精准捕捉了被塑对象的外形特征，还巧妙地描绘了他们的内在精神和个性。

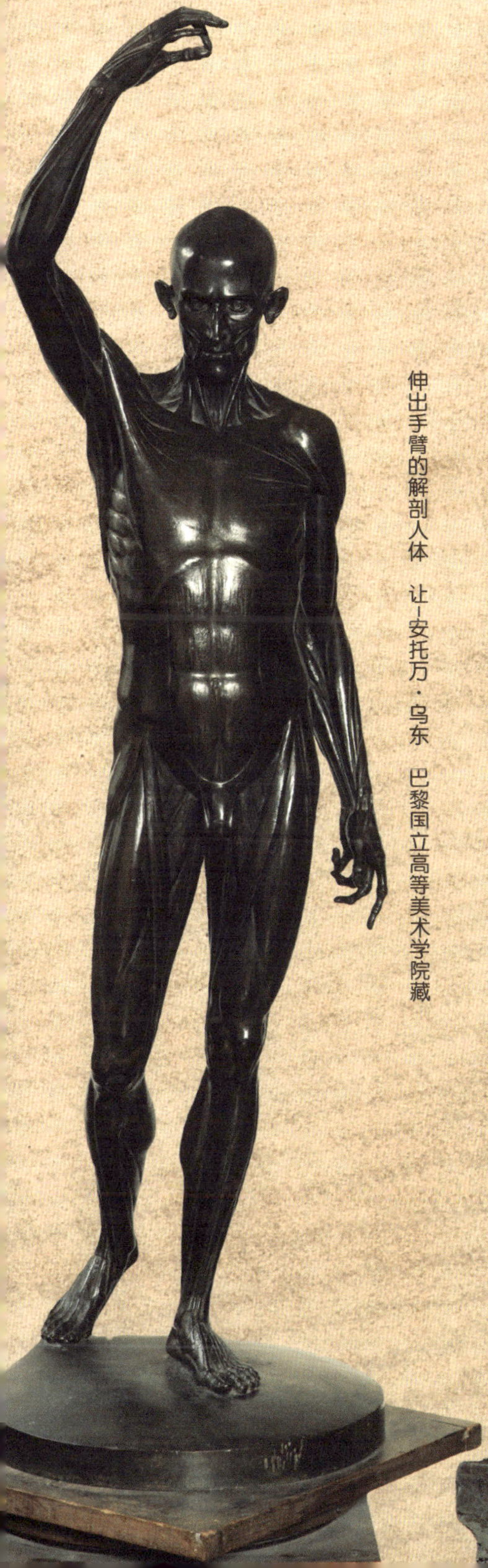

伸出手臂的解剖人体　让-安托万·乌东　巴黎国立高等美术学院藏

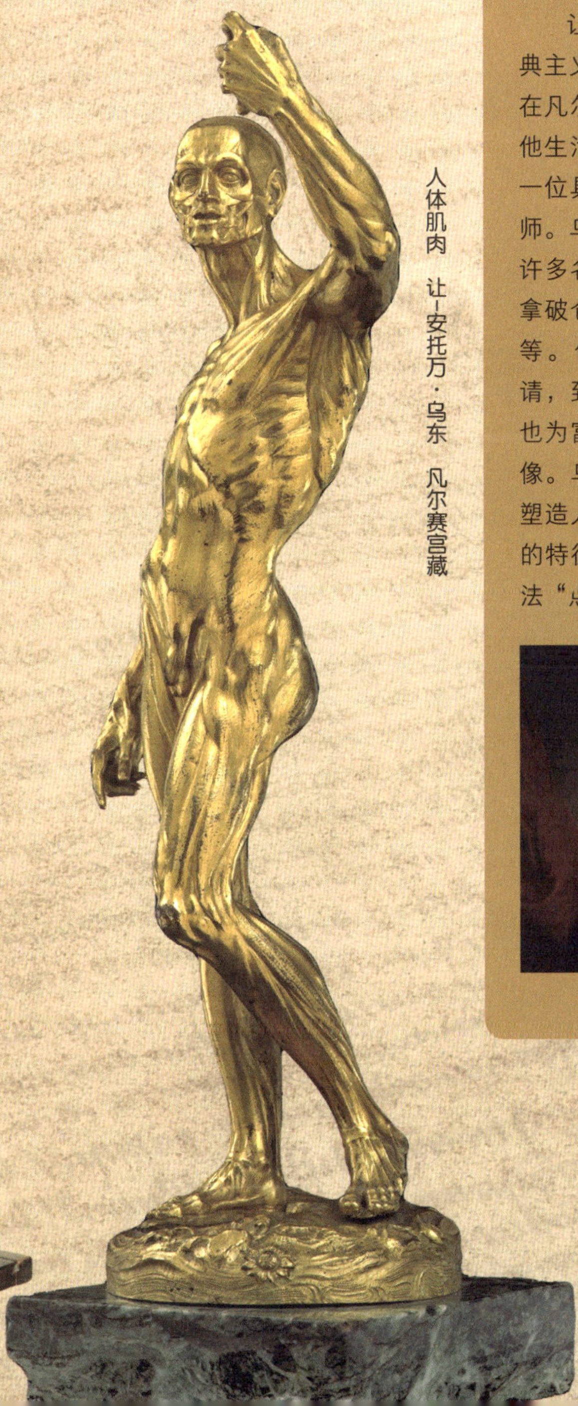

人体肌肉　让-安托万·乌东　凡尔赛宫藏

让-安托万·乌东

让-安托万·乌东，法国新古典主义雕塑家，他于1741年出生在凡尔赛镇的一个看门人家庭。他生活在法国启蒙运动时代，是一位具有承前启后作用的雕刻大师。乌东在18世纪70年代为当时许多名人制作肖像，如莫里哀、拿破仑、卢梭、狄德罗、伏尔泰等。他还曾受到富兰克林的邀请，到美国为华盛顿创作雕像，也为富兰克林和杰斐逊创作了雕像。乌东通过脸部微妙的变化来塑造人物、表现人物复杂而独有的特征，以其独特的眼部处理手法“点睛术”，表现人物的内心。

让-安托万·乌东

舞蹈

生命之舞：马蒂斯的色彩交响

创作者：马蒂斯
创作年代：
1909 年 —1910 年
类型：布面油画
尺寸：
高 260 厘米；
宽 391 厘米
来源地：法国

这幅作品采用蓝色、绿色、砖红色的对比使画面具有冲击力。蓝色和绿色的背景自然地向后延伸，砖红色的人物膨胀、突出，增强了画面的空间感。蓝色和绿色象征稳定，砖红色的人物象征一种狂野的原始美。

画面构图稳定和谐，五位舞蹈者作为画面的视觉中心，占据了画面的大部分面积。画面背景仅以蓝色和绿色的色块加以区分，非常简洁。

《舞蹈》是野兽主义画家马蒂斯的油画作品。1910年，俄罗斯艺术收藏家谢尔盖·舒金委托马蒂斯创作两幅作品挂在他莫斯科豪宅的楼梯上，一幅为本作品，另一幅名为《音乐》，马蒂斯曾经还亲自到莫斯科为这两幅画安置嵌板。《舞蹈》色彩鲜明，构图和人物造型具有装饰性，画面富有激情和表现力，表达了马蒂斯对自由和生命的关注。

画中的5个人物姿势舒展，轮廓简练有力，最右边的女性身体微微扭转，最左边的人物比例较大，是画面中的视觉支撑点。

如左图所示，这两位女性舞者虽然动作相似，但脚抬起的弧度和头的姿势不同，体现出舞蹈的节奏和动作是多样化的，避免了死板。大幅度的动作使身体呈现出野性的生命力。

这幅作品主要用线勾勒轮廓，并舍弃了多余的杂线，表现人物的活力。弧形的地平线引发人的联想，代表了地球本身，也与舞蹈者围成的圆环相呼应。

小提示

野兽主义（Fauvism）是1905年至1908年流行于法国的美术流派，野兽主义得名于1905年巴黎秋季沙龙展，是西方现代主义的重要流派之一。野兽主义画家在继承传统绘画的基础上，用饱和度较高的颜色，采用强烈的纯色对比和平面表现方法去创作，笔法粗犷直接，画面效果强烈，具有追求情感表达的表现主义倾向。

野兽主义到1908年后逐渐被立体主义取代，但野兽主义对后来的现代美术产生了深远的影响。野兽主义代表画家有马蒂斯、弗拉芒克、安德烈·德朗等。

《在酒吧》 弗拉芒克

情感的色彩：马蒂斯的《音乐》与《舞蹈》

《音乐》——《舞蹈》的姊妹篇

马蒂斯的《音乐》是1910年为俄罗斯艺术收藏家谢尔盖·舒金创作的油画作品，以五个充满活力的砖红色人物形象展现了一场充满纯真和欢乐的音乐会景象，其中一人演奏小提琴，另一人吹奏阿夫洛斯管，其余三人陶醉在旋律中。背景中的深蓝色天空和鲜绿色草地与人物的砖红色身体形成鲜明对比，展现了马蒂斯在色彩运用方面的大胆尝试。这幅画不仅体现了马蒂斯对形式和色彩的大胆探索，也反映了他对艺术和人类情感的理解。《音乐》与《舞蹈》共同呈现了马蒂斯在探索通过艺术捕捉和表达人类情感方面的不懈追求。

总参谋部大楼的马蒂斯展厅

《音乐》 马蒂斯 艾尔米塔什博物馆藏

马蒂斯的绘画之美

马蒂斯以其独特的艺术手法，改变了绘画中传统的空间塑造方式，强调画面的形式美感和平面构图。在作品《红色的和谐》中，他巧妙地将物体平面化，通过特殊的构图和简洁的线条，展现了一种新的视觉效果。马蒂斯不描绘物体的光影和体积感，使得画面呈现出鲜明的二维特性，但前后主体间的空间关系依然清晰可辨。

马蒂斯的绘画不仅体现了他对色彩和形式的大胆探索，也展现了他通过简约而有力的线条来表达情感的能力。他作品中的线条看似随意，却又充满了感性美。每一笔的位置、粗细和转折点都极为准确，展现了马蒂斯对画面结构的精确掌控。例如，在《蓝衣女子》中，人物的五官虽然被简化，但通过干净利落的线条，仍然传达出了人物内心的平和与宁静。

《红色的和谐》 马蒂斯 艾尔米塔什博物馆藏

通过这种独特的艺术风格，马蒂斯不仅在视觉上为观众提供了新的观看体验，也在艺术形式和语言上开辟了新的路径。他的作品邀请观众以新的视角理解和欣赏艺术，体验其中蕴含的情感深度、形式韵律和美学价值。

《蓝衣女子》 马蒂斯 费城艺术博物馆藏

马蒂斯

马蒂斯——野兽主义代表画家

马蒂斯，法国著名画家，野兽主义创始人之一，同时也是一位杰出的雕塑家。他的艺术作品以生动的构图、鲜明的色彩和轻松愉悦的主题著称，其独特的风格使他成为西方现代艺术的重要人物之一。马蒂斯与毕加索、杜尚等人一起，推动了20世纪初期艺术形式的革新。

野兽主义（野兽派）艺术追求鲜艳的色彩和自由的线条，马蒂斯是该派别的代表画家之一。他的作品常以女性为对象，女性之美对他的影响极为深刻。马蒂斯反复描绘女性形体，注重韵律的和谐与优美。他的代表作有《奢华、宁静、欢乐》《生活的欢乐》《开着的窗户》《戴帽的妇人》等。

《戴帽的妇人》 马蒂斯 旧金山现代艺术博物馆藏

孔雀时钟

孔雀时钟的时间魔法

孔雀时钟需手动扭转发条推动内部的报时装置运转，该装置由四部分机械组成，其中三个机械组件主要控制孔雀、猫头鹰、公鸡，最后一件为时钟。每到正点时刻，会见到孔雀开屏、公鸡打鸣、猫头鹰眨眼。（现每周报一次时。）

创作者： 詹姆斯·考克斯

创作年代： 1766 年—1772 年

类型： 金属器

尺寸： 高 300 厘米

来源地： 英国

孔雀时钟是叶卡捷琳娜二世的宠臣波将金亲王为冬宫订购的，由英国著名的钟表匠詹姆斯·考克斯制作，由俄罗斯机械师伊万·库利宾组装、修复。孔雀时钟高约3米，由孔雀、公鸡、大树和猫头鹰等动植物形象构成，现在仍能使用。

整个孔雀时钟像一幕戏剧，报时之际便是演出缓缓拉开序幕的时刻。猫头鹰扮演着夜的守卫，它的觉醒为演出拉开了序幕。接着，孔雀以其华丽的尾羽为舞台，银色的背面如同月光下的舞台布景。最终，公鸡的晨唱如同演出的终曲。

当孔雀时钟启动时，猫头鹰仿佛被赋予了生命，开始活动起来。它的头部轻巧地转动，眼睛闪烁着，爪子也在轻盈地挥动。这一系列动作展示了机械艺术的魅力，将冷冰冰的机械变成了栩栩如生的艺术品。

孔雀的制作者是德国人弗里德里希·朱利。孔雀作为整件钟的主体，全身都采用贵金属制作。孔雀周围的金色花朵和枝叶，象征着富贵吉祥。

小提示

机械表，是手表的一种类型。通常可分为手动上链及自动上链两种。机械表依靠机芯内的发条产生动力，带动齿轮转动进而推动表针移动。机械表不需要电池，只需定期保养、洗油。质量上乘的机械表计时准确、使用方便、外观精美，上足发条可连续走时36小时以上，一些表还具有防水、防震、防磁等特性。

铜镀金镶玛瑙座表
詹姆斯·考克斯
故宫博物院藏

文化间的对话：孔雀时钟与 18 世纪中西艺术交流

孔雀时钟与中国的渊源

孔雀时钟最初是由英国著名的钟表匠詹姆斯·考克斯及其团队专门为中国制造的。在清代乾隆年间，欧洲制作的自鸣钟就能够自动报时和表演，因此受到中国皇室的青睐。但是，当孔雀时钟被进献给乾隆皇帝时，乾隆对其款式不甚满意，因而拒绝了这件作品。

后来，孔雀时钟被去除了原有的蛇形装饰，增加了猫头鹰和公鸡，使得整件作品的设计更加丰富多彩。这座经过改良的孔雀时钟最终被亲王波将金购买，并作为礼物送给了女皇叶卡捷琳娜二世。1781年，孔雀时钟被拆解成零件并运至圣彼得堡，后经俄罗斯著名机械师伊万·库利宾对其进行修理、组装而成功运转，最终被收藏在冬宫之中，成为艾尔米塔什博物馆的镇馆之宝。

孔雀时钟的故事不仅反映了跨文化交流的复杂性，它的制作背景、设计改造及最终的流传过程，为研究18世纪英国与中国、俄罗斯之间的艺术和文化交流提供了宝贵的素材。

艾尔米塔什博物馆收藏的经典钟表

俄罗斯的钟表制造历史可以追溯到17世纪，当时主要是由外国大师在俄罗斯制作时钟。到了18世纪，随着技术的进步和艺术的发展，俄罗斯开始有了自己的钟表制造师，并逐渐发展出独特的风格和技术，其中包括了从简单的钟表到精致和复杂的机械钟表。机械时钟不仅以其精确的时间计量著称，也以其精美的艺术设计而闻名。这些时钟常常装饰有精细的雕刻、彩绘和镶嵌工艺，反映了俄罗斯的文化和审美。艾尔米塔什博物馆中收藏的许多精美的机械钟表，见证了俄罗斯制表工艺和技术的发展。除了本书选取的孔雀时钟和蛋形时钟，还有许多来自其他国家的精美钟表展品。

带有木星图案的控制台时钟　法国　19世纪30年代

桌面时钟 德国 1663年

郁金香形镂空腕表 瑞士 19世纪初

壁炉钟『赠予之吻』 法国 18世纪80年代

银色蛋形表壳腕表 18世纪下半叶

詹姆斯·考克斯——英国伦敦著名钟表师

詹姆斯·考克斯是英国伦敦著名的钟表师和珠宝商，他制作的大量钟表在伦敦钟表匠博物馆展出。在18世纪下半叶，考克斯还与他的儿子在中国开设分店，向中国销售了大量钟表。考克斯于1738年在伦敦的公司做学徒，师从金匠汉弗莱·普格。1745年，考克斯学成后在伦敦弗利特街开设了自己的店铺，但于1756年关闭了店铺。1756年后，考克斯在金匠协会注册成为一名金匠手艺人，并开始制作钟表与自动机械玩偶产品。在18世纪中叶，考克斯承接制作了两只自动机械玩偶钟，用以献给乾隆皇帝。在这个时期，考克斯出口国外的钟表金额超过了50万英镑。除了钟表，他还出口了可活动玩偶、机械鸟等产品，这些产品主要采用洛可可风格，造型精巧、装饰繁复。

铜镀金雄鸡动物楼阁式钟
詹姆斯·考克斯
故宫博物院藏

约旦楼梯

巴洛克艺术的瑰宝

创作者：

拉斯特雷利

创作年代：

1754 年 — 1762 年

类型：

巴洛克风格建筑

尺寸： 560 平方米

来源地： 俄罗斯

约旦楼梯，原名“使节楼梯”，因为各国使节通过这座楼梯上二楼接受沙皇的召见。每年一月初，沙皇一家会沿着这座楼梯下到一楼，参加在涅瓦河上举行的主显节活动。由于耶稣曾经在约旦河受洗，这座楼梯后来被命名为“约旦楼梯”。

楼梯沿袭了巴洛克风格的宏伟与奢华，其台阶、栏杆、扶手和方柱均由纯净的白色大理石雕凿，两旁则装饰着金色扶手与精致的雕塑。

约旦楼梯是冬宫内的一座宏伟的楼梯，也是艾尔米塔什博物馆的一个重要组成部分。以其豪华的装饰和宏伟的规模而闻名，是冬宫的主要入口之一。作为俄罗斯巴洛克风格建筑的典范，约旦楼梯的设计与装饰彰显了18世纪俄罗斯帝国的经济实力与艺术品位，提升了冬宫作为皇家居所和艺术殿堂的尊贵气质。

整个楼梯为对称结构。自一楼向上，阶梯从中部分别向左右展开，继而在二楼汇聚。楼梯顶端有一个开阔的观景平台，从这里可以一览下方大厅的壮丽。

约旦楼梯大厅的天顶上装饰着意大利画家加斯帕·迪兹亚尼的杰作《奥林匹斯》。这幅壁画似乎暗示着奥林匹斯山上的神祇俯视着人间，同时也寓意着皇宫生活的逍遥自在。

约旦楼梯上装饰有众多古希腊风格的雕塑，象征着忠诚、正义、永恒、智慧和富裕等。这些寓意深刻的雕塑与楼梯大厅的内饰和布局相协调，让人一进入冬宫，就能立刻感受到庄严的氛围。

小提示

拉斯特雷利，是一位著名的意大利裔建筑师，活跃于18世纪的俄罗斯。他是巴洛克风格建筑师在俄罗斯的代表人物之一，以宏伟、华丽的设计风格而闻名。

拉斯特雷利的父亲是一位雕塑家和建筑师，这使得他从小就接触到了建筑和艺术。他的职业生涯主要在俄罗斯展开，为沙皇彼得大帝和其后继者伊丽莎白一世设计了许多重要的建筑。他的代表作包括圣彼得堡的冬宫、彼得霍夫宫和叶卡捷琳娜宫。这些建筑不仅展示了拉斯特雷利对巴洛克风格掌握的精准，也成为俄罗斯文化遗产的重要组成部分。

拉斯特雷利

华丽的遗产：俄罗斯巴洛克风格建筑探索

冬宫——巴洛克风格建筑的典范

冬宫是艾尔米塔什博物馆中最具特色的巴洛克风格建筑，整座建筑本身就是一件杰出华丽的艺术品，内部采用许多雕塑、壁画、挂毯进行装饰。这座宫殿为长方形布局，长达230米，宽达140米，高约22米，共分三层，总面积达9万平方米。众多的大厅装饰着各种颜色的大理石、孔雀石和其他珍贵石材，辅以金箔和铜饰，此外，还有雕塑、壁画和挂毯等装饰，使得宫殿色彩缤纷、璀璨夺目。连窗框和浮雕都展现了极高的工艺水平。

冬宫内的“黄金客厅”，以其明亮的采光和华丽的黄金装饰而闻名。宫殿内部装饰色彩以黄金色和白色为主，厅内悬挂着精美的吊灯。

圣依纳爵堂　意大利

圣本笃堂　意大利

巴洛克风格建筑的特点

巴洛克风格建筑源自17世纪初的欧洲，以奢华、华丽著称。这种风格最初在意大利兴起，然后传播到欧洲其他地区，包括法国、德国、奥地利和俄罗斯等国家。意大利建筑师维尼奥拉设计的罗马耶稣会教堂被认为是最早具有巴洛克风格的建筑之一。

巴洛克风格建筑常采用曲线、弧形的设计，赋予建筑物动感，例如意大利卡塔尼亚的圣本笃堂。此外，巴洛克风格建筑装饰丰富，以精细的雕刻图案、壁画、镶嵌物和金箔进行装饰，大量使用贵重材料，营造出华贵、精致的效果，如意大利的圣依纳爵堂。巴洛克风格建筑善于利用光线和阴影，创造出强烈的空间感和戏剧性效果。巴洛克风格建筑倾向于采用宏伟的规模和布局，以强调权威和威严，因此常见于教堂、宫殿和纪念性建筑中。

俄罗斯巴洛克建筑风格

俄罗斯巴洛克建筑风格是18世纪上半叶在俄罗斯流行的建筑风格，它结合了西欧巴洛克的复杂和奢华等特点，同时融入了俄罗斯传统建筑的元素，比如建筑整体形制仍然偏向于俄罗斯传统建筑，但在内部装饰方面借鉴巴洛克风格，墙体表面布满装饰或者运用西欧风格的建筑构件。18世纪彼得一世倡导全面学习西欧，西欧的建筑师和艺术家来到俄罗斯，其中瑞士建筑师多梅尼克·特列吉尼在俄罗斯留下了许多经典作品。这个时期的建筑以西欧巴洛克风格为主流，但仍然保留了本土文化元素。夏园里的彼得大帝夏宫便按照巴洛克风格修建，装饰了浅浮雕，为其他巴洛克风格建筑提供了借鉴。

18世纪中叶，俄罗斯皇室追求新奇和奢华，以此彰显国力，建筑上巴洛克风格更加盛行并与国际风格接轨。俄罗斯斯莫尔尼大教堂就是俄罗斯成熟时期巴洛克风格建筑的杰出代表之一。

斯莫尔尼大教堂　俄罗斯

彼得大帝夏宫　俄罗斯

MUSEUM
COLLECTION
TREASURES
馆藏珍品

PAINTING / 绘画

持花圣母

达·芬奇的圣母子画作

创作者：达·芬奇
创作年代：1478 年—1480 年
类型：布面油画
尺寸：高 49.5 厘米；
宽 31.5 厘米
来源地：意大利

这幅以圣母与圣子为题材的画作名为《持花圣母》，或称《麦当娜与孩子》《贝诺瓦圣母》。《贝诺瓦圣母》的得名源自该画作的最后一位拥有者、宫廷建筑师莱昂蒂·贝诺瓦的妻子，即贝诺瓦·麦当娜。这幅画是意大利画家达·芬奇所作，于1914年被冬宫收购。这幅画描绘的是年轻的圣母怀抱圣子的场景，独特的光影处理增添了人物的神圣感，展现了达·芬奇在绘画艺术上的高超造诣。

圣母与圣子是文艺复兴时期绘画中常见的主题，但画中的圣母和圣子与中世纪艺术作品中超自然和严格神圣化的表现形式不同，这种更具人性的表现符合了文艺复兴人文主义的理念，也体现了宗教题材绘画世俗化的特点。

画面通过明暗对比的方式，突出了主体人物，后窗上的光线和前方的光线打在圣母和圣子的脸庞上，提升了肌肤的质感。

达·芬奇对人体结构理解精确，所塑造的圣母和圣子形象体型比例协调，人物刻画立体，肩膀、头部、手的处理十分精准。衣物的褶皱处理细腻，体现出他对形态和结构的深入研究。

圣母神情温柔，嘴角带笑，具有母性的光辉。画家摒弃了中世纪冰冷、严肃的圣人画像模式，诗意化地表现出神圣的母爱，将圣母描绘成一个平凡的母亲。

小提示

文艺复兴，是指兴起于14世纪到16世纪的一场思想文化运动，最先在意大利，后来扩展到西欧各国，16世纪达到顶峰。这场文化运动是西欧近代三大思想解放运动之一，拉开了近代欧洲历史的序幕。文艺复兴的重点是人文主义精神，以人为中心，主张追求现实幸福，倡导个性解放，反对愚昧的神学思想。文艺复兴在文学、艺术、科学技术、社会、政治等方面都引发了巨大变革，例如重新学习古典文献，绘画上的透视法，探索人体结构以及化学、天文技术等。意大利文艺复兴代表艺术家有达·芬奇、米开朗琪罗、拉斐尔。

大卫像　米开朗琪罗

浪子回头

伦勃朗画作中的温情之光

创作者：伦勃朗
创作年代：
约 1668 年
类型：布面油画
尺寸：高 262 厘米；
宽 205 厘米
来源地：荷兰

这幅作品在世界艺术领域拥有极高的知名度，是伦勃朗晚年的代表作品之一。内容取材于艺术家亲身经历，并结合经典宗教故事《浪子回头》创作而成。这幅油画似乎隐喻着伦勃朗坎坷的人生、晚年的孤苦，繁华散尽的人生境遇，因此产生了感人至深的画面效果。从技法上来看，这幅画体现了伦勃朗借由光影表现真实物象转向用光影刻画人物心境。

光线从画面左上方照射在父亲和浪子身上，温暖的暖红色光线笼罩在他们身上，形成三角形状。光线象征着神圣和宽恕，增强了画面的戏剧性。作者运用罩染技法使光影具有了弥散的效果。

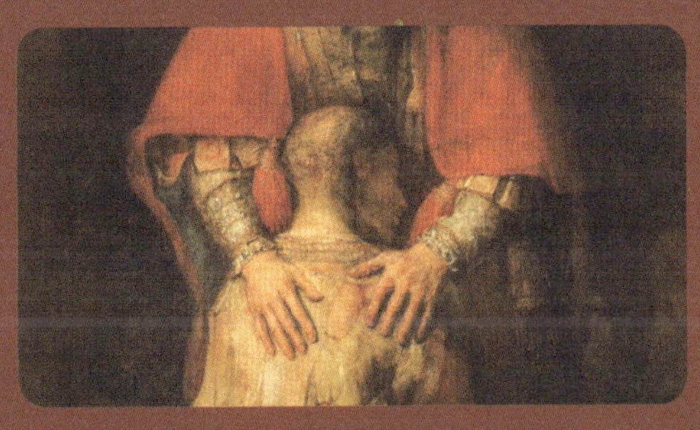

父亲的红色披肩在整幅画中形成色彩上的焦点，象征着温暖、爱和宽恕。父亲面容慈祥，将双手放在儿子身上，流露出无限的爱和同情。浪子只露出半张憔悴的面容，跪倒的姿势含蓄地传达了他的谦卑和悔悟。

哀伤的母亲、神色微妙的大儿子和面无表情的仆人隐于暗处，均用红色和黑色来表现，色层较薄，笔触细腻，暗部浑然一体。主次分明是伦勃朗绘画的特点之一。

小提示

荷兰黄金时代绘画，是指17世纪荷兰的绘画，17世纪初开始发展直到1672年逐渐衰落。其风格与早期尼德兰画派中的现实主义风格有相似之处。这一时期几乎涵盖所有的绘画类别，包括风俗画、肖像画、静物画、风景画等，宗教题材的作品较少。当时的荷兰绘画以小尺寸为主，又称“荷兰小画派”，大部分作品都绘制在木板上。

《倒牛奶的女仆》 维米尔 荷兰国立博物馆藏

伦勃朗的光与影：《浪子回头》三重奏

伦勃朗不同版本的《浪子回头》

伦勃朗绘制过三个版本的《浪子回头》。1636年，他创作了一幅《浪子回头》蚀刻版画，浪子和父亲都以侧面形象出现，动作夸张，浪子的四分之三侧脸充满痛苦的神情。1642年，他画了一幅鹅毛笔版本的《浪子回头》，这幅作品中的人物形象和情感表现都较为含蓄。三个版本中最著名的是藏于艾尔米塔什博物馆的《浪子回头》油画，描绘的是跪在父亲身前的浪子背影，只露出小半张脸，既表现了孩子的悔恨也表现了父亲的宽宏。

《浪子回头》 1636年 纽约大都会艺术博物馆藏

《浪子回头》 1642年 泰勒博物馆藏

伦勃朗光

伦勃朗的光线处理手法，在一定程度上受到了卡拉瓦乔光线的影响，但伦勃朗发展出了层次更丰富的光线处理方式。伦勃朗的光线，被称作“伦勃朗光”。伦勃朗用精确的光凸显出人物的轮廓线，使观者的视线聚焦在亮光部分，将背景虚化，其余部分隐藏于暗部之中。这种明暗处理不仅增强了画面的戏剧性，也成为伦勃朗画作中不可或缺的一部分。

19世纪法国画家兼批评家弗罗芒坦称伦勃朗为“夜光虫”。伦勃朗在《尼古拉斯·杜尔博士的解剖学课》中运用了卡拉瓦乔的光影效果，将每个人物都表现得十分清晰，而《夜巡》则体现了其独特的光线运用技巧，画中大部分人物被笼罩在黑暗中，仅队长、副官、小女孩在光线下。

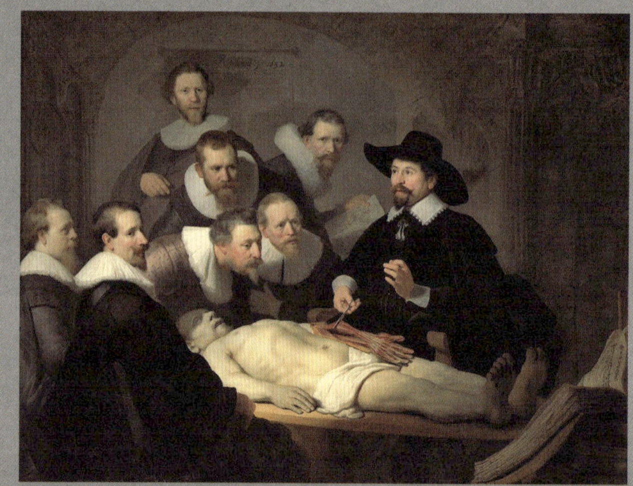

《尼古拉斯·杜尔博士的解剖学课》 莫瑞泰斯皇家美术馆藏

《夜巡》 荷兰国立博物馆藏

伦勃朗的自画像

伦勃朗的自画像数量可观，有100多幅，几乎贯穿了他整个艺术生涯。自画像是肖像画的一种，是对自身的审视。伦勃朗早期的自画像大部分是一种纪实性描述，后期的自画像融入了艺术家对精神世界的探索。青年时期的自画像充满对未来的希望，充满朝气。

《与萨斯基亚的自画像》局部

伦勃朗与萨斯基亚结婚后，生活富足快乐，绘画艺术逐渐成熟，事业呈上升趋势。从《与萨斯基亚的自画像》中可以看出他穿着体面，十分自信。

17世纪中叶，伦勃朗的事业开始走下坡路，其自画像也不再意气风发，但眼神依旧坚定。在《贝雷帽和立领衣自画像》中，伦勃朗头发花白，但目光深邃，似是一位追求真理的智者。

《贝雷帽和立领衣自画像》局部

伦勃朗——荷兰历史上最伟大的画家

伦勃朗·哈尔曼松·凡·莱因是欧洲17世纪最伟大的画家之一，也是荷兰黄金时代绘画的主要代表人物。

伦勃朗年少成名，晚期潦倒。他早期师从拉斯特曼，1625年在家乡开设画室。画作体裁广泛，擅长肖像画、风景画、风俗画、宗教画、历史画等，影响了许多荷兰画家。其独特的光线处理手法和明暗表现方式对后世影响颇深。代表作品有《夜巡》《犹太新娘》《月亮与狩猎女神》等。

《月亮与狩猎女神》

《犹太新娘》

花园中的女士

光影下的静谧时光

创作者：莫奈

创作年代：1867 年

类型：布面油画

尺寸：高 82 厘米；宽 101 厘米

来源地：法国

阳光透过树叶间的缝隙洒落在地面上，形成了许多光斑。一位优雅的女士撑着白色遮阳伞，日光照射在女士的白色衣裙上，格外耀眼，也为女士增添了一种优雅和神秘的气质。

《花园中的女士》是印象派画家莫奈的油画作品。这幅画是在室外创作的，取材于勒科托庄园中花园的自然景色。画中的这位女士是莫奈堂兄的妻子，画家描绘了她撑着伞在阳光灿烂的花园里散步的场景。勒阿弗尔充满了莫奈的童年记忆，勒阿弗尔附近的勒科托庄园属于莫奈的堂兄。1867年夏天，莫奈在这里居住并绘制了几幅风景画。

女士被巧妙地安置在画面左侧，与花园中的植物形成一种动静对比，并平衡了画面构图。白色连衣裙提高了画面的亮度，展示了光线在物体上的变化。画中的女士是莫奈堂兄的妻子让娜·玛丽·莱卡德赫。

画中的色彩明亮而富有变化，艺术家没有单纯地使用黑色来描绘阴影，而是运用了色彩的深浅和冷暖来表现，例如，阴影部分可能使用了冷色调的蓝色或紫色，花朵则使用了暖色调的红色和黄色。

艺术家使用了短小的笔触来捕捉瞬间的光线和色彩，这种技法也增加了画面的活力和动感。

小提示

莫奈，1840年出生于法国巴黎拉菲特街，是法国著名画家，是印象主义绘画的代表人物和创始人之一。莫奈主张在室外创作，擅长表现光与影，改变了阴影和轮廓线的画法，在他的画作中看不到明显的轮廓线。其作品色彩变化丰富，极具个人风格，传达出浓郁的情感。在1874年举办的无名艺术展中莫奈的《日出·印象》油画引起了大家的注意，此后印象主义绘画登上法国画坛。其代表作品有《睡莲》《草堆》《鲁昂大教堂》等。

莫奈

弹鲁特琴的少年

光影交织的旋律

创作者：卡拉瓦乔
创作年代：1595 年 — 1596 年
类型：布面油画
尺寸：高 94 厘米；宽 119 厘米
来源地：意大利

画面构图经典，人物居中，其他物品围绕人物布置，整体具有平衡感。画面的背景较为简单，以深色调为主，让观众的注意力集中在人物和桌上的物件上。画面的光线似乎来自左侧，突出了人物的面部和前臂。

这幅油画是卡拉瓦乔的早期作品，他将爱情与音乐相结合，采用写实的手法描绘了一位穿着宽松的白衫的少年在黑暗的背景下弹鲁特琴的场景。卡拉瓦乔是意大利著名的画家，以强烈的光影对比和写实技巧著称。这幅画作是卡拉瓦乔写实技法的生动展现，对后世艺术家产生了深远的影响。

画中人物一边弹奏鲁特琴一边低声吟唱。他脸上表情平和而专注，反映了一种内在的宁静和对艺术的虔诚。身上宽松的白色衣衫，透露出古典风格的柔美。

少年弹的鲁特琴，是意大利的传统乐器，是吉他的前身，在十六、十七世纪，鲁特琴曾是欧洲最流行的伴奏乐器之一。

曲谱所写的是当时在意大利流行的由雅各布·艾尔卡德鲁特创作的通俗歌曲《你知道我爱你》，通过泛黄揉皱的曲谱可以看出卡拉瓦乔的写实技巧。

画面整体色调偏暖，人物的肤色与乐器和乐谱的暖色调相呼应，而桌上的花束则体现了色彩的对比，增加了视觉上的丰富度。

小提示

卡拉瓦乔的“酒窖光线”是他最有代表性的绘画特点之一，他通过光线使画面呈现强烈的明暗对比，视觉冲击力极强。光线通常被设置在画面之外，运用强烈的侧光照射主体人物，这种方式能让画面主体从深沉的阴影中脱颖而出，仿佛被聚光灯照亮。这种用光方式增强了画面的戏剧性，突出了人物间的主要矛盾，直接将观者的视线吸引至画面中心点。

《召唤使徒马太》

卡拉瓦乔：站在悬崖上的天才

自由不羁的卡拉瓦乔

卡拉瓦乔是16世纪末至17世纪初的意大利画家。他的画风通常被认为属于巴洛克画派，并对该画派的形成产生了重要影响。卡拉瓦乔的绘画风格独特，他以对光影的精湛运用、逼真的描绘技巧和对人物情感的深刻刻画而著称。他的作品充满了戏剧性和张力，挑战了当时传统的绘画规范，为后来的艺术家开辟了新的道路。

卡拉瓦乔的代表作众多，每一幅都充分展示了他的绘画才华和对艺术的独特见解。其作品《使徒马太的殉教》描绘了圣马太被杀害的场景，通过光影的巧妙运用和对人物表情的刻画，营造出一种悲壮而庄严的氛围。《召唤使徒马太》则表现了圣马太被召唤成为使徒的瞬间，画面中的人物和场景都充满了戏剧性和真实感。

《使徒马太的殉教》

《召唤使徒马太》

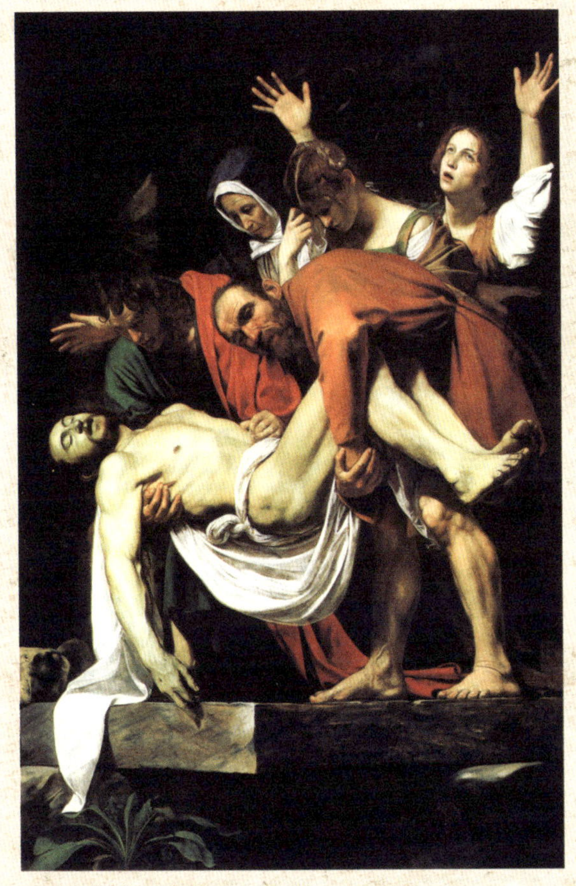

《基督下葬》

《基督下葬》也是卡拉瓦乔的杰作之一。这幅作品描绘了基督被安葬的场景，通过对人物动作和表情的精细刻画，以及在背景中运用深沉的色彩，表达了沉重和悲伤的情感。

他的《水果篮》也被认为是美术史上的第一幅静物画，显示了他在绘画领域的探索和创新精神。

《水果篮》

卡拉瓦乔的性格和生活方式也颇为独特。他性格孤僻，行为放荡不羁，多次因打架斗殴卷入法律纠纷。他的艺术生涯也因此充满了波折和传奇色彩。

卡拉瓦乔的作品不仅在绘画技巧上达到了极高的水平，更重要的是，它们传达了深刻的人文关怀精神。他的作品常常具有多种解读方式，引发观众的思考和共鸣。卡拉瓦乔被誉为意大利绘画史上的杰出人物，他的作品至今仍然受到广泛的赞誉。

巴洛克画派

巴洛克画派于17世纪初开始形成，在整个17世纪到18世纪初的艺术界都有较大的影响力。与之前的文艺复兴时期绘画不同的是，巴洛克画家们更喜欢描绘冲突激烈的场景。委拉斯开兹、卡拉瓦乔、伦勃朗、鲁本斯、普桑和维米尔都是著名的巴洛克画派画家。

《酒神》 乌菲齐美术馆藏

午餐

平民的午餐桌

创作者：委拉斯开兹
创作年代：约 1617 年
类型：布面油画
尺寸：高 108.5 厘米；宽 102 厘米
来源地：西班牙

坐在桌子周围的男子们代表了人生的三个阶段，每个人物的面部细节、动作神态都表现得惟妙惟肖。由画面光线的处理、明暗的变化可看出，这幅油画在一定程度上受到卡拉瓦乔作品的影响。该作品是艾尔米塔什博物馆最早期的藏品之一。

这顿午餐吃的是牡蛎、石榴、面包，面包和刀柄延伸到桌面之外，使画面更加生动立体，避免了物体摆放的死板。桌上摆放的是简单的食物，暗示描绘的可能是普通家庭的日常生活场景。

墙上悬挂着帽子和白色的衣领，反映了当时西班牙的传统习俗，即人们在进屋就餐时需脱下帽子和衣领。

画中的这个男孩曾住在委拉斯开兹的家中，并担任他的模特。

左侧的老人形象还常见于画家其他的绘画作品中。

右边的年轻人没有出现在画家的其他作品中，有人认为此人即委拉斯开兹。

画中老年、青年、少年三位男性既隐喻了人生三个阶段，他们的面部表情又体现了西班牙人的性格特征，如开朗和克制、善良和节约。

委拉斯开兹的早期作品多聚焦于社会底层，如流浪汉、小贩的日常生活。他以静物和风俗画为主题，细致地探索了这些人物的内心世界。

画家运用了明暗对比的技法，通过光线与阴影的强烈对比来增强立体感和场景的戏剧性，引导观者的视线聚焦于人物动作。背景处理得较为简约，以暗色调呈现，突出了前景人物和器物。

小提示

委拉斯开兹是文艺复兴后期西班牙最伟大的画家之一，弗朗西斯科·戈雅曾称他是自己的“伟大教师之一”。委拉斯开兹的作品主题范围广泛，从日常生活场景到宗教和神话题材，再到皇室肖像，都有涉及。委拉斯开兹晚年创作的《宫娥》和《纺织女》，被认为是17世纪欧洲少见的现实主义风格代表作。

委拉斯开兹

夜里的白屋

星光下的家

创作者： 凡·高

创作年代： 1890 年

类型： 布面油画

尺寸： 高 59 厘米；宽 72.5 厘米

来源地： 法国

凡·高

1890年5月，凡·高来到瓦兹河畔的奥维尔，创作了一系列以房屋为描绘对象的画作。这一时期，凡·高关注与“家”相关的主题，展现了他对新生活的希望，形成了独特的艺术风格，《夜里的白屋》是这一时期的典型作品，表现了凡·高情感的变化。

白墙绿窗，暗红色的房顶，蓝紫色的夜空中点缀着点点粉色，驼色的地面，深绿色的树，整幅画面的颜色搭配和谐而柔美。

一圈圈亮黄色和白色交织的线条代表了月亮发出的耀眼光亮，这种旋涡形笔触增加了画面的动感。

从构图上看，房子的面积占据了画面的三分之二，采用垂直的线条，具有稳定性。前景是一位穿着黑色衣服的行人，既平衡了画面结构，又增加了作品的故事性。

凡·高的笔触自由活泼，天空用横向的笔触给人深邃感，并能根据树和草的生长方向对线的方向和曲直进行调整，使物象具有生命力。

窗户象征着家的“眼睛”。在一排绿色窗户中出现两抹红色，可能代表了凡·高心中的不安。

小提示

凡·高，荷兰后印象派画家，表现主义的先驱，影响了20世纪的艺术，尤其是野兽主义与德国表现主义。

凡·高的作品，如《星空》《向日葵》《有乌鸦的麦田》等，现已跻身于全球最知名的艺术作品行列。凡·高出身于牧师家庭，曾从事教师、传教士等工作。1885年春，他创作了《吃马铃薯的人》。1886年到达巴黎，与印象派画家进行广泛交流，他作品中的色彩逐渐丰富起来。1888年，他在阿尔勒迎来创作高峰，同年底因精神问题割伤自己的左耳。1889年，虽入住疗养院治疗精神问题，但凡·高依旧创作出了很多震撼人心的画作。

对话

波利尼西亚的密语

画面中的人物分布呈大“C”形，位置安排疏密有致，有单个，有组合，营造出一种真实的对话场景感。

创作者：高更

创作年代：1891 年

类型：布面油画

尺寸：高 70.5 厘米；宽 90.3 厘米

来源地：波利尼西亚

这幅油画创作于1891年，这是高更搬到波利尼西亚的第一年，他喜爱非洲、密克罗尼西亚和印第安的原始艺术，因此一直居住在此地直到去世。高更是19世纪末期的后印象派画家，以其高饱和度的色彩、原始主题和非传统的画风而闻名。这件作品描绘了波利尼西亚自然、和谐、浪漫的场景：6位女性围成一圈聊天。

紫色的树叶脱离了真实的自然环境，传达出特定的氛围和情感。画面中运用不同色相、不同饱和度的绿色将树木和草地区分开来。

人物通过彼此间的目光相连接，但视线并未直接相对，令观者对人物之间的关系和相互交流的内容多了一份遐想。

人物的面部特征和身体轮廓相对简洁，并且人物未遵循传统近大远小的透视原理，远处的人物形象明显大于近处人物，因此画面呈现出扁平的效果。

高更的作品中常常包含了他对异国文化的解读和再现，这幅作品中的服饰和习俗可能是对这一地区文化的反映。

小提示

高更，1848年6月7日生于法国巴黎，目前大部分艺术史家将他归于后印象派。高更除了杰出的绘画成就，还在雕塑、陶瓷和文学等方面有所建树。高更的画作强调原始性与象征意义，特别是在色彩运用上，开创了所谓的“综合主义”风格，为原始主义艺术的发展奠定了基础。1891年，因对西方传统文化和生活方式感到疲倦，高更远赴塔希提岛，追求新的艺术方向和灵感。

高更

圣母升天和加冕典礼

巴洛克风格的神圣加冕

创作者：鲁本斯
创作年代：1611 年
类型：布面油画
尺寸：高 106 厘米；宽 78 厘米
来源地：佛兰德斯

这幅画描绘了基督教艺术中的一个重要题材——圣母玛利亚的升天和加冕，画作色彩鲜明、情感强烈，光影处理得十分巧妙。这是鲁本斯绘画风格的典型代表，既有宗教意义又体现了他对巴洛克艺术的重要贡献。

画中一众天使包围着玛利亚，玛利亚在天堂中被加冕为天后。天使们围绕着玛利亚呈现出一种“V”字形的构图，增加了画面的动感和表现力。

画面中的云彩、衣物的飘动和天使的姿态都传达出一种强烈的运动感，给观者一种视觉上的动感体验。这种运动感的营造正是巴洛克艺术的风格特点，打破静态画面的限制，给予画作生命力。

上明下暗的处理手法和光影对比营造了戏剧效果，增加了情感和空间的深度。绘画作品中的光源通常不直接呈现在画面中，而是通过照亮主要人物来引导观者的注意力。

圣母的升天象征着灵魂的升华，天使的出现象征着神的祝福，使徒们的姿态和表情描绘得十分生动。

观者的视线被引导从画面的下方悲伤的使徒开始，逐渐上移至中心的圣母与天使，最终聚焦于上方的耶稣和天国。这种视觉路径的设计，不仅反映了天堂与人间的关系，也引导观者体验从尘世到永恒的旅程。

小提示

鲁本斯，17世纪的佛兰德斯画家，巴洛克风格艺术早期代表人物之一，对欧洲众多画家产生了重大影响，如德拉克洛瓦、雷诺阿等。鲁本斯的绘画笔触自由灵动，色彩华美瑰丽，构图富于变化，形象自然活跃，运动感及视觉冲击力强烈。他将民族艺术的自然简洁与巴洛克艺术的绚烂奢华进行了有机结合，创作主题以宗教神话为主。其代表作品有《被诅咒者的堕落》《镜中的维纳斯》《劫夺留西帕的女儿》等。

鲁本斯

SCULPTURE / 雕塑

圣特蕾莎的狂喜

极具戏剧性的雕塑艺术

贝尼尼的雕塑以动感和戏剧性著称。天使和圣特蕾莎的姿态生动、富有表现力，表现了巴洛克艺术典型的动态美学。

创作者： 贝尼尼
创作年代： 17 世纪 40 年代
类型： 雕塑
尺寸： 高 47 厘米
来源地： 意大利

这件圣特蕾莎的狂喜是贝尼尼受红衣主教费德里科·科尔纳罗的委托，为罗马圣玛丽亚德拉维多利亚教堂的科尔纳罗礼拜堂的祭坛制作的一座大型大理石雕塑的小稿。该作品为陶土制作，是制作雕塑时最后一件模型。其大理石雕塑作品于17世纪中叶完成，它描绘了一位天使用对上帝的爱之箭刺穿了西班牙修女特蕾莎心脏的场景。其不仅是贝尼尼个人艺术风格的代表，也是巴洛克雕塑中最为著名和影响深远的作品之一。

贝尼尼在处理光影和质感上的高超技巧，使得雕塑呈现出几乎逼真的效果。对衣物褶皱的精细刻画和流畅的线条，成功地表现了衣物的质感，给人以视觉上的享受。

贝尼尼的雕塑作品善于捕捉瞬间的动态。这件雕塑题材来源于特蕾莎对自己幻觉的记述。特蕾莎腾空飘起，在她身体左侧有一个手持箭羽的天使，正准备将利箭刺向她。特蕾莎沉浸在“甜蜜的折磨”之中。

特蕾莎嘴巴微张，脸上交织着痛苦和快乐的表情，传达了一种强烈、复杂的情感。天使的姿态则既有力量感又带有某种温柔。

小提示

特蕾莎，是16世纪西班牙的一位修女，因自幼患有癫痫使得她痛苦不堪。后来成为虔诚的基督徒，她一生禁欲苦修，常驮着石头穿行阿维拉城。但苦修未能治愈她的疾病，反而使她时常晕厥，在昏迷中她产生了种种幻想。“特蕾莎的幻象”在17世纪十分流行。她去世后，因其影响力被罗马教廷钦点为圣女，其遗体成为信徒心中的圣物，部分被供奉以求神恩。

圣特蕾莎的狂喜　大理石雕塑　贝尼尼

文物小知识

巴洛克艺术：从怪诞到华丽

巴洛克艺术

巴洛克艺术是17世纪流行于欧洲的一种艺术风格，“巴洛克”一词，意为中世纪的一种“荒谬的思想”，或是不规则的、奇形珍珠。18世纪末，古典主义艺术评论家将这一词汇用于嘲讽17世纪西欧的艺术风格，强调其反常、怪诞、不规则和非理性的特征。后来成为17世纪繁缛华丽的艺术风格的专称。巴洛克艺术风格以其强烈的动感、深度感、光影对比、戏剧性和空间幻觉而著称，融合了建筑、绘画、雕塑等多种形式要素。代表性的巴洛克艺术家包括贝尼尼、卡拉瓦乔、鲁本斯、弗朗西斯科·博罗米尼等。

摩尔人　喷泉模型　贝尼尼　金贝尔艺术博物馆藏

贝尼尼雕塑作品中的戏剧性

巴洛克雕塑以运动感和戏剧性为显著特征，贝尼尼的雕塑作品是这一风格的杰出代表。他的雕塑擅长捕捉人物的情绪，使用夸张的姿态和充满动势的肢体语言，表现一瞬间的戏剧性。

贝尼尼雕刻技艺精湛，能够使坚硬的大理石呈现出柔软织物和肌肤的质感。他运用充满活力的雕塑手法来再现神话故事，如大卫向巨人歌利亚投掷石头的瞬间，动态生动，视线关系和空间延伸也都十分出色。

贝尼尼还巧妙地融合了巴洛克艺术与古典希腊雕刻艺术的特色，创造出既具有现代感又不失古典美的作品。他的雕塑不仅展现了形式上的美感，更通过情感的表达和引人入胜的故事，引发观者的共鸣，达到了艺术上的极高境界。

四河喷泉　贝尼尼

阿波罗与达芙妮　贝尼尼　博尔盖塞博物馆藏

大卫 贝尼尼 博尔盖塞博物馆藏

贝尼尼——17世纪巴洛克雕塑的杰出代表

贝尼尼是意大利巴洛克时期最杰出的雕塑家、建筑师和画家之一。他出生于那不勒斯，但大多数生活和创作都在罗马进行。贝尼尼被认为是17世纪巴洛克雕塑的代表人物之一，他的作品以运动感、戏剧性和情感表达而著称。贝尼尼的代表作包括：《大卫》《圣特蕾莎的狂喜》《阿波罗与达芙妮》等。这些作品展现了他对人体动态和表情的深刻理解，以及对大理石材料的精湛雕琢技巧。

贝尼尼

此外，贝尼尼还是一位杰出的建筑师，他对罗马城市景观产生了深远影响，罗马许多标志性建筑都出自于他手，城市被赋予了独特的艺术氛围。他的建筑作品包括圣彼得大教堂的广场和宝座室。

冈萨加浮雕

古埃及浮雕精华

创作年代： 公元前 3 世纪
类型： 浮雕
尺寸： 高 15.7 厘米；
宽 11.8 厘米
来源地： 埃及

这件浮雕中戴着黑色头盔的人物是托勒密二世菲拉德尔弗斯，另一个是阿尔西诺伊二世。菲拉德尔弗斯戴着月桂花环头盔，他的肩部是一个留着大胡子的头，可能是宙斯阿蒙的头。

这件浮雕作品名为“冈萨加浮雕”或称“托勒密二世和阿尔西诺伊二世”，制作于公元前3世纪的埃及，采用玛瑙雕刻而成，体现了托勒密宫廷的奢华。它经过了很多收藏家之手，曾由拿破仑赠送给约瑟芬，约瑟芬又将其赠送给沙皇亚历山大一世，目前藏于冬宫。

工匠巧妙地运用了玛瑙的固有色彩，类似于中国的玉文化中的俏色工艺。工匠在棕色部分雕刻托勒密的头盔、头发等，在白色部分刻画人物面部。

工匠选取玛瑙的中间层雕刻了两个面部，人物面部因前后关系自然而然形成阴影。虽然是一件小型的浮雕作品，但同样具有强烈的空间关系和立体感。

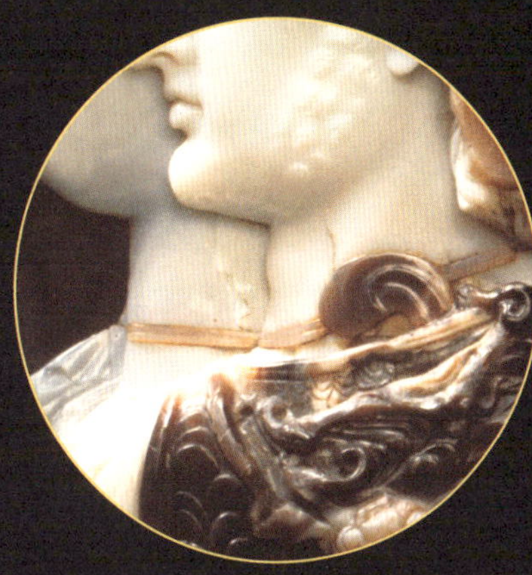

颈部棕色的项链是后来修复时添加的，用于遮盖损坏的部分。

小提示

浮雕，是雕刻艺术的形式之一，是在二维平面上进行雕刻塑造。根据浮雕相对于平面的高度可分为浅浮雕、高浮雕、凹浮雕三种类型。在浅浮雕中，图像轻微地凸起，给人以微妙的立体感，常见于纪念物和日用品等，增添了图像的动感和层次。而高浮雕则几乎从背景中分离出来，具有更强的立体感和空间感，适用于建筑和纪念性雕塑的装饰。与之相反，凹浮雕则是将图案刻入材料表面，这种方式多用于印章、硬币和奖章的制作，能够通过印压或印刷使图案在其他表面凸显出来，提供一种独特的视觉效果。

古埃及石灰岩浮雕　古埃及新王国时期

双头佛

古西夏国的稀世珍宝

这尊双头佛面带微笑，一体四臂，两臂合十置于胸前，另外两臂自然下垂，分别向左、右斜下方伸展。右手手心向外，手指已残破，左小臂已损毁。无论从哪个角度看，佛头、身体和双臂都能完美地结合成一个整体。

双头佛肩部以下是同一具身体，身上披着赭红色偏衫袈裟，四臂与身体的结合显得协调且得体，无任何冗余之感。

这尊佛像是中国出土的唯一的一尊彩塑双头佛。双头佛的显著特征是“双头四臂”或“双头二臂”，在佛像身上安置两个头，给人强烈的视觉冲击力。

创作年代： 13 世纪 — 14 世纪

类型： 黏土雕塑

尺寸： 高 62 厘米

来源地： 中国

藏于艾尔米塔什博物馆的双头佛是西夏时期的稀世珍品，它出土于黑水城，是根据印度佛经中的故事雕塑双头佛像，中国目前仅在黑水城发现这一件彩塑双头佛。

双头佛的两头与颈部位于两肩之间，头部左右分开呈倒“八”字形，且分别向左右微侧、微微向下垂。两头的头顶为螺髻，佛像的眉间有小圆坑，即塑出佛的“白毫相”，鼻梁挺直，双眼俯视，面部丰腴慈祥，整个表情显得栩栩如生。

双头佛像的起源

双头佛像，又称佛陀双头瑞像，是指出现两个头的佛陀造像，是佛教的瑞像之一。最早出现在犍陀罗地区，从唐代至宋代，中国出现了四种双头佛像分别是克孜尔石窟双头瑞像、巴中石窟的双头瑞像、敦煌石窟的双头瑞像、西夏黑水城双头佛像。《大唐西域记》中曾记载关于双头佛像的故事：相传，唐代玄奘西行时所闻，曾有两位佛教徒欲造佛像，却仅够资造一身，于是佛陀分头成双，应允其愿。此外，在《三宝感应要略录》卷一、《释迦方志》、《敦煌遗书》等经典中都有所见。

双头瑞像 敦煌莫高窟第231窟西壁龛顶

双头瑞像 敦煌莫高窟第237窟西壁龛顶

小提示

西夏（1038年—1227年），由党项人在中国西北部建立的朝代，本名“大夏”或“白上国”，宋朝称之为“西夏”。与宋、辽、金有过多次战争，历经十帝，共190年。

黑水城又称黑城，黑水城遗址位于今内蒙古额济纳旗，是西夏王朝的北部重镇，也是连接河套地区和中亚地区的交通要道。黑水城遗址是“古丝绸之路”以北保存最完整的一座古城遗址，这里出土了大量稀世珍品，如《番汉合时掌中珠》、彩绘双头佛和元代纸币等。

黑水城遗址

蹲伏男孩

充满生命力的雕塑作品

关于这尊雕像的用途，有学者认为它是一件丧葬雕刻，用于罗马教宗朱利奥二世的陵墓；还有人认为它用于佛罗伦萨圣洛伦索大教堂的朱利亚诺·德·美第奇墓穴。因在米开朗琪罗的草图中出现了许多相似的雕塑，后者可能更为贴切。

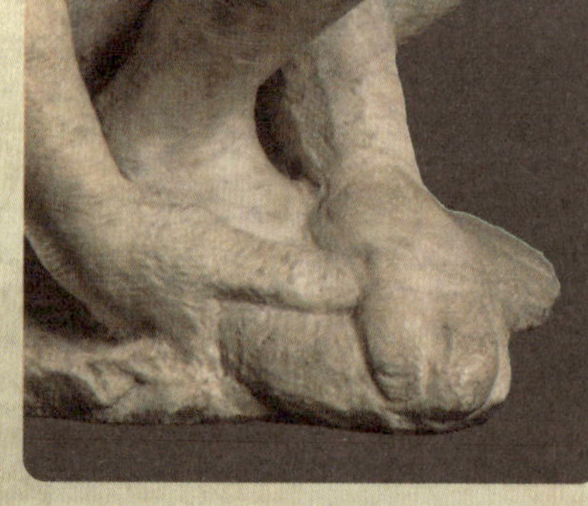

一个肌肉发达的男孩蹲伏在地，他似乎正试图与某种力量对抗。有人猜测他是因为右脚受伤而用手捂住伤口。该形象可能表达了一个年轻灵魂的痛苦。

创作者：米开朗琪罗

创作年代：约 1530 年—1534 年

类型：大理石雕塑

尺寸：高 54 厘米

来源地：意大利

蹲伏男孩是文艺复兴时期意大利艺术家米开朗琪罗的作品。这件雕像先被理德·布朗购买，后来辗转来到圣彼得堡的列宾美术学院，1851年被艾尔米塔什博物馆收藏。蹲伏男孩的蜷缩蹲伏形象展现了米开朗琪罗精湛的雕刻技艺和对人体动态的深刻理解，不仅是米开朗琪罗雕刻艺术的代表，也是研究其艺术风格和技巧的重要资料。

这件作品保留了大理石自然的粗糙感，没有打磨得非常圆润光滑，可以看见凿刻过的痕迹，好似是一件未完成的作品。这样粗糙的状态能让观者感受到强烈的生命力。

小提示

米开朗琪罗是意大利文艺复兴时期伟大的画家、雕塑家、建筑师和诗人，文艺复兴时期雕塑艺术最高峰的代表，与拉斐尔和达·芬奇并称为文艺复兴三杰。米开朗琪罗的雕塑风格健美，女性形象同样如此。米开朗琪罗的代表作有雕塑《大卫》、雕塑《摩西》、壁画《最后的审判》、壁画《创世纪》等。建筑作品虽少但价值不容忽视，其设计了圣彼得大教堂穹顶、教宗儒略二世的陵墓。于1564年在罗马去世，时年88岁，他的风格影响了近乎三个世纪的艺术家。

米开朗琪罗

米开朗琪罗对解剖学的精确掌握使他雕塑的人物的肌肉、骨骼和姿势刻画得非常真实准确。通过对肌肉状态的掌控，部分肌肉因受力而收紧，部分肌肉放松，赋予了静态人物的动态感。

黑釉彩绘双耳陶瓶

古希腊陶器最美丽的例子之一

此陶瓶由黏土制成，通体施黑釉，造型优美，线条流畅。这件双耳陶瓶可能用于存放液体。

创作年代： 约公元前 330 年

类型： 陶器

尺寸： 高 65.5 厘米；器身直径 36.8 厘米

来源地： 希腊

这是一件精美的古希腊阿提卡式陶器，名为黑釉彩绘双耳陶瓶。因其优美的器型和表面精美的装饰被誉为古希腊陶器的最美例子之一，并且这件黑釉陶瓶还是一个实用的容器，它展示了古希腊陶器制作和装饰艺术的超高水平。

器肩部的装饰以神话人物为主，包括瑞亚——奥林匹斯众神的母亲、手里拿火炬的冥界女神赫卡特、狄俄尼索斯、农业和生育女神得墨忒耳、坐在岩石上的雅典娜、阿耳忒弥斯和阿芙洛狄忒。这些人物是先单独塑造，然后黏附在陶瓶表面上，它们被涂成白色、蓝色和紫色，并镀金。

腹部中间有一条狭窄的装饰带，绘有狮鹫、狮子和豹，并镀金。图案采用浅浮雕的方式，有一定的凸起效果，体现了当时最新的绘画装饰艺术水平。陶瓶表面的竖直纹理是一种装饰手段，有一种仿金属器物的感觉。

小提示

古希腊陶器，即古希腊人制作、生产的陶器，陶器上的图案装饰是了解古希腊绘画艺术发展的主要来源。常见的类型有酒杯、罐、盘等。装饰题材涵盖神话传说、英雄故事、日常生活、动物和几何图案等。陶器的装饰通常与功能相关，例如，用于饮酒的杯子可能会绘有狄俄尼索斯（酒神）的形象，当作运动比赛奖品的陶器可能会描绘运动场景。

阿提卡式黑彩陶罐

文物小知识

阿提卡陶器：古希腊神话与制陶艺术的交融

阿提卡式陶器

阿提卡式陶器，即产自古希腊阿提卡地区的陶器，是古希腊陶器的代表之一。大约从公元前6世纪到公元前4世纪，阿提卡式陶器多是一些大型的双把手器物和混酒器等。阿提卡是古希腊当时重要的文化艺术区域，在古希腊传说中，忒修斯曾居住在此地，后来这个地方还被视为很多英雄人物的故乡。因此，阿提卡陶器的装饰图案多以神话故事为主要装饰主题，采用极具戏剧性和情节性的表现方式。

双耳瓶 约公元前530年 大都会艺术博物馆藏

黑绘双耳陶瓶（掷骰子的阿喀琉斯与埃阿斯）

红绘人物双耳瓶（赫拉克勒斯和雅典娜）

黑绘和红绘

黑绘陶器：黑绘风格的陶器出现于公元前6世纪初，这种样式与古希腊民主政治的发展有关。黑绘就是在红色或黄褐色的陶器上用黑色作剪影式的描绘，可用刻线技法去进行修饰，产生强烈的视觉效果。黑绘陶器的装饰图案大多来源于古希腊神话故事和《荷马史诗》中的情节，还有一些日常的生活场景。红绘陶器：红绘风格的陶器大约从公元前530年开始，持续到公元前430年左右。红绘风格是指在黑底上用红色绘制图案。红绘风格较于黑绘风格而言，表现的细节更丰富，且能够通过线条灵活自如地表现人物。

古希腊阿提卡双耳瓶（尤利西斯和狄俄墨德斯）

古希腊阿提卡黑绘酒杯

希腊瓶画艺术

希腊瓶画，是指希腊陶器上的装饰性绘画，代表了希腊的绘画艺术风格，在希腊美术中占据重要的地位。希腊瓶画根据器物的不同，装饰的位置也不同。瓶罐类的装饰图案多在器物的腹部，画面以矩形为主。杯和碗的装饰分内外，内部装饰画以圆形为主，外部用环形装饰。

希腊瓶画根据不同时期可分为五种风格：几何风格、东方风格、黑绘风格、红绘风格、白底彩绘风格。几何风格主要以几何形的纹饰为主。东方风格是指出现了东方元素的图案，如莲花纹、棕榈纹、狮身人面像。白底彩绘风格是在白底的陶瓶上进行绘画装饰，给人清新淡雅的感觉。

动物纹陶罐

几何时期阿提卡陶制盛酒罐

白底彩绘花瓶（阿喀琉斯-马勒）

枕垫形瓷瓶

设计别致的香水瓶

这件瓷瓶设计独特，它仿照枕垫的形状，并且注重细节，比如枕垫上的流苏。流苏的细节表明了阿列克谢·波波夫瓷器制造厂的精湛工艺。

a

瓷瓶主体为柔和的黄色调，上面有盛放的花卉，藤蔓围绕四周，具有很强的装饰性。这些图案采用单色颜料绘制，属于釉上彩瓷器。

创作者：阿列克谢·波波夫瓷器制造厂

创作年代：19 世纪中叶

类型：瓷器

尺寸：a 高 4 厘米；长 9.5 厘米；宽 9.5 厘米；
b 高 2.9 厘米；长 6.5 厘米；宽 4 厘米

来源地：俄罗斯

这两件精巧别致的枕垫形瓷瓶生产于19世纪中叶，是阿列克谢·波波夫瓷器制造厂的产品。在19世纪的俄罗斯，拥有精美的瓷瓶被视为品位高雅的象征。这些瓷瓶，与小型瓷器雕塑一样，常作为房间的装饰品。在当时，阿列克谢·波波夫制瓷工厂以生产高质量的瓷器闻名，其生产的瓷器的形状和大小各式各样，既有东方器物的仿制品，也有装饰有花卉和微型画作的小型瓶子。

瓷瓶上有一个瓶塞，塞子上的图案和金色的围边与瓷瓶的整体风格相匹配。

瓷瓶的盖子也是枕垫造型，整个器物看上去像两个枕垫叠在一起。

这件瓷瓶是一个存放香水的容器，其精美的外观可用作室内装饰，既具有装饰性，同时也具有实用功能，在一定程度上体现了收藏者的品位。

小提示

1718年，彼得大帝在访问萨克森州时，被梅森瓷器所吸引，并萌生了在本国建立瓷器厂的愿望。于是在1744年建立了涅瓦瓷厂，即俄罗斯的首家瓷器工厂。瓷厂建立之初，基本只生产皇室用的瓷器，包括生活用瓷和礼品瓷。其为伊丽莎白女皇生产的餐具被称为“女皇陛下的餐具”。1765年，瓷厂更名为“皇家瓷器制造厂”。之后因瓷器的市场需求量增加，瓷厂分为两条生产线，一条为皇家服务，生产高端陶瓷产品，一条为满足普通消费者需求生产常规产品。1844年，瓷厂还建立起了自己的博物馆。

果盘　艾尔米塔什博物馆藏

玛丽亚·费奥多罗夫娜皇后的礼服

19世纪的宫廷服饰

创作者： 查尔斯·沃斯家族
创作年代： 1898 年
类型： 皇室礼服
尺寸： 上衣 26 厘米；裙子 132 厘米
来源地： 法国

这件礼服整体造型优雅，体现了当时贵族女性的审美和追求，同时也显示出制衣工艺的精细。丝绸、天鹅绒的面料使这件礼服散发迷人的光泽。柔和的粉色裙身，领口和裙边部分点缀的金色蕾丝，整体颜色搭配十分和谐。

玛丽亚·费奥多罗夫娜皇后的礼服象征了其作为皇室成员尊贵的地位和时代的奢华风格。这些礼服通常选用丝绸、天鹅绒这类奢华材料，搭配精美的蕾丝、绣花和珠宝装饰。每件服装都是手工定制，展现了当时最高水平的服装制作工艺。

礼服的上衣部分为紧身设计，领口呈“V”字形，边缘装饰有褶皱和蕾丝花边，与裙摆的荷叶边装饰呼应。下翻的腰线强调了腰身。裙子部分呈“A”字形，袖子很短，同样带有褶皱和蕾丝花边，营造出柔美的肩线。

裙摆有几层褶边装饰，增加了裙摆的蓬松度，每层褶边边缘都有花边或波浪形装饰，增加了视觉层次感和庄重感，是典型的宫廷服饰。

丝绸面料上绘有精美的图案，低调中透露出奢华，彰显了玛丽亚·费奥多罗夫娜皇后的身份。

小提示

玛丽亚·费奥多罗夫娜皇后，原名达格玛·卡罗琳·索菲·路易斯，1847年出生于丹麦，是俄罗斯沙皇亚历山大三世的妻子，尼古拉二世的母亲。她是丹麦国王克里斯蒂安九世的女儿，与丈夫亚历山大三世结婚后，改信东正教并改名。

玛丽亚·费奥多罗夫娜以其热衷慈善活动、优雅的风范和对家庭的献身而受到尊敬。她在丈夫去世后成了寡妇，尽管经历了俄国革命和家族的悲剧，她仍然坚强地活了下来。1919年，她离开俄罗斯前往故乡丹麦，并在那里度过了余生。于1928年去世，被埋葬在丹麦的罗斯基勒教堂。

玛丽亚·费奥多罗夫娜　1889年摄

怪诞图案刺绣挂饰

独特的室内家具装饰织物

这是一件高密度的丝绸织物，以浅棕色丝绸为基底，采用银线、金线和丝线相互交织，绣出华丽而怪诞的装饰图案。

怪兽面具形象的图案富有想象力和装饰性，可能具有某种象征意义。其风格与雅克·安德鲁埃·杜·塞尔索的版画作品《小蔓藤花纹》和《大蔓藤花纹》接近。

雅典娜象征着智慧、胜利，同时也是艺术和手工艺女神，她传授人们绘画、陶艺、舞蹈等。在织物上运用雅典娜的形象不仅表达了对生活的美好祝愿，还反映出对古希腊文化艺术的推崇。

亭子可能代表着庇护所或神圣的空间，此处可能用来暗示私密性和奢华。

创作年代： 16 世纪末至 17 世纪初

类型： 家居织物

尺寸： 长 40 厘米；宽 197 厘米

来源地： 法国

这件怪诞图案刺绣挂饰是一件独特而精美的室内家具装饰织物，这件作品不仅展示了高级材料和技术的运用，还反映了当时的审美趣味、文化信仰和艺术风格。它是实用装饰品，同时也是一件艺术品，为观者提供了一窥16世纪、17世纪欧洲室内装饰艺术和文化景观的珍贵机会。

蓟通常象征着高贵和荣誉。在古希腊，蓟与雅典娜女神联系紧密。因此，用蓟作为装饰图案，意在提醒人们应拥有勇气、荣誉感和正义感。

这件丝质挂饰可能在当时被作为床顶边缘流苏的一部分或围绕床（如四柱床或者帐篷床）底部的装饰。

小提示

雅克·安德鲁埃·杜·塞尔索（法语：Jacques Androuet du Cerceau，1510年—1584年），是文艺复兴时期法国著名建筑设计师与装潢师。他曾与建筑师路易·梅泰索共同建造了沿塞纳河的“水滨”长廊。16世纪，他在法国巴黎参与设计并制作了许多建筑作品和家具装饰品，对当时的法国以及欧洲产生了重要影响。

雅克·安德鲁埃·杜·塞尔索

盛大加冕马车

17世纪欧洲皇室的威严与辉煌

这驾马车最初是彼得一世为他的妻子打造的，后来，凯瑟琳大帝对其进行了翻新，此后成为俄罗斯君主举行加冕仪式的专属马车。

马车车身镀金，车厢的内饰，包括帘子、座椅、靠背和地毯等，都采用有着精细刺绣的锦缎制作，马车上庄严华美的红色让大范围的亮金色显得更加温和

创作者： 弗朗索瓦·布歇

创作年代： 17世纪20年代初

类型： 马车

尺寸： 长600厘米；宽200厘米；高300厘米

来源地： 法国

这驾华丽的加冕马车是17世纪初法国皇家挂毯厂的杰作，法国洛可可风格的代表画家弗朗索瓦·布歇为这驾马车绘制了车身图案。马车采用了多种材料和当时顶级的工艺技术。这驾马车最初属于马厩博物馆（或称车厩博物馆），目前收藏于艾尔米塔什博物馆。

车顶上的黄金雕塑和花纹雕刻得栩栩如生，整体装饰繁复优雅，非常精致。

这种四轮的封闭车厢式马车乘坐舒适，运载量大，深受皇室贵族的喜爱，其豪华、奢侈的装饰代表了帝国的威严和王权的辉煌。车身的图案绘制精美，由法国著名宫廷画家弗朗索瓦·布歇亲自完成。

小提示

弗朗索瓦·布歇，是法国著名的洛可可风格画家和设计师。他因综合性、感性的绘画主题闻名，画风浪漫且具有装饰性。弗朗索瓦·布歇还会设计歌剧院的布景、壁挂织物图样、皇宫的室内装饰等。他的绘画主题大多来自于历史故事，画面洋溢着感性和欢愉。18世纪中叶，路易十五的情人蓬帕杜夫人十分赏识他的才能。

弗朗索瓦·布歇

罗斯柴尔德法贝热彩蛋

男爵的蛋形时钟

法贝热彩蛋座钟是俄罗斯著名珠宝首饰工作室——法贝热工作室所制作的蛋形工艺品。法贝热工作室在 1885 年至 1917 年间总共为沙皇与私人收藏家制作了 69 颗彩蛋。“法贝热彩蛋”后来也成为奢侈品的代名词。

沙皇亚历山大要求法贝热工作室一年制作一颗珠宝彩蛋。尼古拉二世继位后延续了这一传统，要求法贝热工作室一年要做出两颗彩蛋，以便他在复活节时送给妻子和母亲当礼物。

创作者： 罗德 · 尼古拉、米哈伊尔 · 佩尔欣
创作年代： 1902 年
类型： 金属时钟
尺寸： 高 27 厘米；宽 13 厘米
来源地： 俄罗斯

这件独特的艺术品，是由法贝热工作室的主要工匠米哈伊尔·佩尔欣和钟表匠罗德·尼古拉于1902年在俄罗斯圣彼得堡共同制作的，用料奢华、工艺精湛。这个蛋形时钟曾属于爱德华·罗斯柴尔德男爵的珍藏。这件作品不仅代表了法贝热工作室在珠宝制作方面的巅峰造诣，也体现了那个时代对于奢侈和精致的追求。其设计和制作细节展现了珠宝艺术与机械美学的完美融合，堪称绝世精品。

“彩蛋”外壳镶嵌有精美的“玫瑰式切割”钻石和珍珠。

每到整点，一只镶有钻石的公鸡会从“蛋”的顶部弹出，拍打翅膀四次，然后点点头三次，并且鸣叫。这样持续了15秒后，钟声就会响起。

罗斯柴尔德法贝热彩蛋，既有装饰性又有实用功能，是为数不多的不是专门为俄罗斯皇室制作的法贝热彩蛋之一。它一直珍藏在罗斯柴尔德家族中，直至2005年。这是卡尔·法贝热销售过的最昂贵的彩蛋之一。

小提示

卡尔·法贝热，俄罗斯著名金匠、工艺美术设计师、沙皇亚历山大三世和尼古拉二世的御用珠宝设计师。曾留学德、意、法、英等国。卡尔·法贝热擅长加工金、银、翠玉、宝石等珍贵材料，在珠宝界具有很高的地位。他善于革新，创造了许多风格独特的艺术品。凭借卓越的设计和技艺，他制作的俄罗斯复活节彩蛋深受当地和各国皇室喜爱，被称为“俄罗斯彩蛋”。

卡尔·法贝热

Claude Monet

俄罗斯其他博物馆名录（节选）

莫斯科克里姆林宫博物馆

俄罗斯国家历史博物馆

特列季亚科夫美术馆

普希金造型艺术博物馆

叶卡捷琳娜宫

俄罗斯国家博物馆

俄罗斯民族博物馆

俄罗斯人类学民族学博物馆

俄罗斯中央铁路博物馆

持花圣母

图书在版编目（CIP）数据

世界博物馆全书. 第一辑. 艾尔米塔什博物馆 / 红糖美学著. -- 武汉：华中科技大学出版社，2024. 11.（世界瑰宝系列）. -- ISBN 978-7-5772-1165-7

Ⅰ. G269.1

中国国家版本馆CIP数据核字第2024MG7651号

世界博物馆全书 第一辑 艾尔米塔什博物馆

Shijie Bowuguan Quanshu Di-yi Ji Ai'ermitashi Bowuguan

红糖美学 著

出版发行：华中科技大学出版社（中国·武汉）
华中科技大学出版社有限责任公司艺术分公司

电话：（027）81321913
（010）67326910-6023

出 版 人：阮海洪

责任编辑：张 颖 刘昊威 杨志新

封面设计：JOJO

责任监印：赵 月 张 丽

制　　作：王玉平
印　　刷：北京兰星球彩色印刷有限公司
开　　本：889mm×1194mm 1/16
印　　张：60
字　　数：550千字
版　　次：2024年11月第1版第1次印刷
定　　价：998.00元（全10册）